Norman Vincent Peale

WORTE POSITIVER KRAFT

W0048995

Norman Vincent Peale

WORTE
POSITIVER KRAFT

Herausgegeben und
eingeleitet von Ruth Wolf

HERDER

Freiburg · Basel · Wien

Die Zusammenstellung dieser Anthologie
erfolgte mit freundlicher Genehmigung
des Oesch Verlags, Zürich.

Inhalt

„**W**as du auch immer tust, tue es ganz!" Wegen seiner charakteristischen Prägnanz mag dieses kurze Zitat hier stellvertretend für all die erfolgreichen Lebensweisungen angeführt sein, mit denen Norman Vincent Peale durch seine Bücher und in vielen Vorträgen unzähligen Menschen zu einem glücklicheren Dasein verhelfen konnte: Das Wissen darum, daß das Bestreben, voll und ganz hinter dem eigenen Tun zu stehen, sowohl für die Persönlichkeit als auch für den Verlauf des Lebens jedes einzelnen größte Bedeutsamkeit besitzt, ist eine der wichtigen Grundlagen, auf denen der berühmte amerikanische Seelsorger seine Lehre vom positiven Denken entwickelt hat.

„Positives Denken" – das ist für Norman Vincent Peale der Schlüssel zu einem erfüllten Leben, und darum bildet dieser Begriff auch das Zentrum seiner Lehre, die aufzeigt, was Menschen alles vollbringen können, wenn sie innerlich tief überzeugt sind und mit ihrer ganzen Kraft an das Gelingen ihrer Vorstellungen glauben.

Sie basiert dabei in erster Linie auf der Macht des Geistes: Jede Person vermag durch ihr Denken ihre persönliche Entwicklung und das eigene Leben wesentlich zu beeinflussen. Norman Vincent Peale ist davon überzeugt, daß in allen Menschen ein kraftvolles, positives geistiges Potential schlummert, das nur darauf wartet, geweckt und umgesetzt zu werden.

Dabei stützt er sich nicht ausschließlich auf die Theorie; gerade weil er anschaulich und überzeugend die Erkennntisse der Wissenschaft mit den ewigen Lebensgesetzen des Glaubens und Vertrauens verbindet, gelingt es ihm, die Menschen in dem Glauben an sich selbst, an die eigene Macht und die Kraft des Geistes zu bestärken. Indem er sich auf das schöpferische Denken beruft, appelliert er an die Fähigkeit der Menschen, sich verändern zu können, sofern diese den starken inneren Willen dazu in sich tragen.

Inwieweit ein positives Gedankenmuster einen Menschen von Grund auf verwandeln kann, hat Norman Vincent Peale nicht nur in seiner seelsorgerischen Praxis, auf seinen vielen Vortragsreisen und durch zahlreiche Leserbriefe erfahren, sondern intensiv auch an sich selbst, in seinem eigenen Leben.

Als Sohn einer methodistischen Pastorenfamilie wurde er 1898 in Bowersville, Ohio, geboren. Trotz ärmlicher Verhältnisse genoß er, wie er später des öfteren betonte, eine fröhliche, unbeschwerte und wohlbehütete Kindheit. Von der religiösen Lebenswelt seiner Familie geprägt, begann er 1916 an der Ohio Wesleyan University ein Theologiestudium, das er acht Jahre später an der Boston University erfolgreich beendete.

Nachdem er bereits 1922 zum Pastor geweiht worden war, war er danach einige Jahre an den Methodistenkirchen in Brooklyn und Syracuse tätig. Während dieser Zeit lernte er auch seine zukünftige Frau Ruth Stafford kennen, die er 1930 in Syracuse heiratete.

Sein Amt als Pastor setzte Norman Vincent Peale ab 1932 an der reformierten Marble Collegiate Church in New York fort, wo er von da an mit seiner Familie – drei Kinder waren inzwischen geboren worden – lebte.

Während der gesamten Zeit, in der er als Theologe und Seelsorger tätig war, sah Norman Vincent Peale seine Mission darin, den Menschen zu einem glücklichen, zufriedenen und gehaltvollen Dasein zu verhelfen. Aus dieser Intention heraus gründete er Ende der dreißiger Jahre gemeinsam mit dem Psychiater Smiley Hanton auch das „Institut für Psychotherapie und praktiziertes Christentum", um Patienten zu wirklichem innerem Frieden und echtem Glück zu führen, indem sie zu gleichen Teilen sowohl unter seelsorgerischen wie auch seelenärztlichen Aspekten betreut wurden.

In seinen Werken unterstreicht Norman Vincent Peale immer wieder, wie sehr er das Leben als etwas Aufregendes und Interessantes liebe und daher auch das Bedürfnis verspüre, jenes Gefühl des Erfülltseins, das er in der eigenen Existenz empfinde, an seine Mitmenschen weiterzugeben.

So zeigt seine Lehre vom positiven Denken,

daß jede Person in der Lage sein kann, glücklich, harmonisch und erfolgreich zu leben. Denn die Quelle der Kraft, die es dazu braucht, trägt jeder Mensch in sich; die Schwierigkeiten und Sorgen, welche zum Leben dazugehören, fordern den Menschen erst richtig heraus. Mit Selbstvertrauen, starkem Glauben und innerer Gelassenheit aber können alle Hindernisse und Probleme bewältigt werden. Niemand braucht sich von Sorgen, Ängsten oder anderen negativen Gedanken beherrschen zu lassen; ihnen läßt sich mit positiven geistigen Kräften entgegenwirken.

Diese wesentliche positive Grundeinstellung war der Kern der unzähligen Vortragsreihen, die Norman Vincent Peale durch das ganze Land führten, sie bildete das Hauptthema der Zeitschrift „Guidepost", die er gemeinsam mit seiner Frau ins Leben rief, und mit ihr setzte er sich natürlich auch in seinen vielen Buchveröffentlichungen auseinander.

Mit seinem ersten Buch, „Die Kraft positiven Denkens", das 1952 erschien, wurde er weltberühmt. In den Vereinigten Staaten eroberte es die Bestsellerliste der „New York Times" im Sturm und wurde dort ohne Unterbrechung 186 Wochen lang notiert – nicht nur für die damalige Zeit ein einsamer Rekord. Übersetzungen in zahlreiche Sprachen und Millionenauflagen in der ganzen Welt folgten, und auch heute findet das Buch noch immer neue Leserkreise – ein eindrucksvolles Zeugnis dafür, daß Norman Vincent Peale mit seiner Philosophie von der Kraft des positiven Denkens vielen Menschen Kraft, Mut, Vertrauen und eine völlig neue Lebenseinstellung geben konnte, es durch seine Bücher auch heute noch vermag.

Für sein seelsorgerisches Lebenswerk wurde er 1984 von Präsident Reagan mit der amerikanischen Freiheitsmedaille geehrt, der höchsten Auszeichnung, die einem Bürger in den USA verliehen werden kann.

Am Heiligabend 1993 starb Norman Vincent Peale im Alter von 95 Jahren in New York.

Ruth Wolf

I

WIE DU DENKST, SO WIRST DU SEIN

Die Macht des Geistes

„Die Welt, in der wir leben,
ist keineswegs vorausbestimmt durch
äußere Bedingungen und Umstände,
sondern durch die Gedanken,
die unseren Geist beherrschen."

Wir wissen heute um die gewaltigen Kräfte des Atoms. Dieselben Energien wohnen im menschlichen Geist, und es gibt auf der Welt keinen mächtigeren Faktor als die Geisteskraft des Menschen.

Die Kraft positiven Denkens

Die Kraft schöpferischer Gedanken ist für uns sehr wichtig.

Ja zum Leben

Gedanken dringen hinaus und verwirklichen sich. Man kann einen Gedanken nicht sehen, aber seine Wirkung kann man verfolgen.

Begeisterung wirkt Wunder

Wir können durch unser Denken zu Miß-erfolg und Unglück oder zu Glück und Erfolg geführt werden. Die Welt, in der wir leben, ist keineswegs vorausbestimmt durch äußere

Bedingungen und Umstände, sondern durch die Gedanken, die unseren Geist beherrschen.

Die Kraft positiven Denkens

In unserem Geist schlummern alle Quellen und Kräfte, die nötig sind, unser Leben erfolgreich zu gestalten. Es gilt nur, sie freizumachen und zur positiven Entfaltung zu bringen. Wenn das Neue Testament sagt: „Denn sehet, das Reich Gottes ist inwendig, in euch", so will dies heißen, daß der Schöpfer uns mit allem versehen hat, was zu einem konstruktiven und schöpferischen Leben nötig ist. Es erinnert uns daran, diese Gaben zu entdecken und ihnen zum Durchbruch zu verhelfen.

Die Kraft positiven Denkens

Mit positivem Denken vermögen Sie Großes zu schaffen.

Begeisterung wirkt Wunder

Ich glaube, [...] eine der bedeutendsten Erkenntnisse unserer Zeit ist: die Wiederentdeckung und die praktische Anwendung geistiger Prinzipien.

Die Kraft positiven Denkens

Wenn wir unsere Denkweise von innen heraus entschieden umwandeln, stellt sich der Erfolg positiver Gedanken überraschend leicht ein.

Die Kraft positiven Denkens

Positives Denken bringt Positives, weil es den unschätzbaren Wert eines Tages würdigt, des heutigen Tages, nicht des nächsten, sondern *dieses* und jedes einzelnen Tages. Das Heute bietet uns mindestens sechzehn wache Stunden, die prallvoll sein können von Gelegenheiten, Freude, Spannung, Erfüllung. Der positive Denker weiß, daß der heutige Tag für ihn gemacht wurde und für jedermann, der ihn positiv anpacken will. Das Heute gehört ihm, also macht er ein wunderbares schöpferisches Erlebnis daraus. Seine optimistische Einstellung zum heutigen und zu jedem folgenden Tag ist dazu angetan, jeden einzelnen zu einem großen Tag zu machen: Der Tag wird das, als was er ihn sich vor Augen hält.

Begeisterung wirkt Wunder

Wer positiv denkt, liebt das Leben und fängt jeden Tag etwas Schönes damit an.

Begeisterung wirkt Wunder

Es gibt Menschen, die, wie es scheint, schon von Natur aus positiv denken. Andere müssen es hart lernen. Für die Theorie, wir alle seien zum positiven Denken geboren, spricht meiner Meinung nach vieles.

Begeisterung wirkt Wunder

Wir werden mit einer positiven Einstellung geboren. Wenigstens glaube ich, noch nie ein negatives Baby gesehen zu haben. Aber dieses gleiche Baby kann in ein negatives Familienklima hineingeboren werden. Und da es sozusagen wie ein Schwamm die vorherrschenden Haltungen und Einstellungen aufsaugt, wird es bald von der Atmosphäre in seiner Umgebung beherrscht. Wenn das Kind dann später als junger Mensch positiv denken lernen will, muß es einen geistigen Umerziehungsprozeß einleiten, der sehr lang und schwierig, ja sogar schmerzlich sein kann, da altes Gedankengut bekanntlich ja nur sehr schwer stirbt.

Das Abenteuer des Lebens

[**W**enngleich] die durch altgewohnte Denkvorgänge eingegrabenen Furchen im Gehirn manchmal sehr tief sein können, sind sie gegen ein „Umgraben" nicht gefeit, sofern nur der Wunsch dazu intensiv genug, der Wille stark und die Phantasie zielgerichtet ist.

Begeisterung wirkt Wunder

Das Allerwichtigste auf dem Weg zum positiven Denken ist der Wunsch. Sie müssen eindringlich wünschen, ein positiver Mensch zu werden.

Begeisterung wirkt Wunder

Die positive Denkweise verlangt unablässige Übung. Aber die Ergebnisse sind bewundernswert.

Trotzdem positiv

Ich selbst [...] habe wahre Wunder erlebt, wenn Menschen, die schwach, entmutigt und deprimiert waren, anfingen, positive Gedanken zu entwickeln. Ich habe erlebt, wie solche Menschen stark wie Fels wurden. Die Wandlung kann sich in jedem von uns vollziehen.

Trotzdem positiv

Positives Denken macht immer das Beste aus dem Vorhandenen.

Trotzdem positiv

Der positive Denker, die positive Denkerin ist eine optimistische, glaubensdurchdrungene Person, die gewohnheitsmäßig positive Bilder und Standpunkte ausstrahlt, also kreative, positive Gedanken in die Umwelt sendet. Diese starken Gedankenwellen beeinflussen die Umwelt positiv, und es werden positive Rückstrahlungen aktiviert. Was Sie geistig über eine lange Zeit aussenden, kehrt genau und unweigerlich in gleicher Art zurück. Wenn Sie also wirklich erfolgreich werden wollen, ist es von entscheidender Wichtigkeit, daß Sie sich radikal ändern, von zerstörerischem negativem Denken zu kreativem positivem Denken übergehen.

Der Plus-Faktor

Jeder Mensch hat die Möglichkeit, seinen Geist auf Erfolg einzustellen. Das ist einer der wichtigsten Grundsätze positiven Denkens. Es liegt weitgehend in unserer Hand, ob unsere Zukunft erfolgreich sein wird oder nicht. Unsere Gedanken bestimmen unser Schicksal.

Hier müssen wir uns darüber klar werden, was wir unter Erfolg verstehen wollen. Selbstverständlich meinen wir damit nicht das Zusammenraffen von Geld und Gut, sondern vielmehr die Fähigkeit, unser Leben richtig zu erfüllen.

Wir sollen dadurch beherrschte, überlegene Persönlichkeiten werden, die zu jenen gehören, die der Welt nicht Schwierigkeiten aufbürden, sondern mithelfen, sie zu überwinden. Das ist das Ziel, welches wir uns setzen sollten: ein erfolgreiches Leben als schöpferisches Individuum.

Trotzdem positiv

Darum fort mit allen veralteten, müden, ausgetragenen und negativen Gedanken! Fülle deinen Geist mit neuen, frischen Gedanken der Liebe, der Güte, des Vertrauens und des Glaubens. Dadurch kannst du tatsächlich dein Leben erneuern.

Die Kraft positiven Denkens

Ein ständiger Zustrom neuer, gesunder Gedanken wirkt sich in allen Lebensumständen schöpferisch aus.

Die Kraft positiven Denkens

Positives Denken ist das genaue Gegenteil von negativem Denken. Der Negativist ist ein Ungläubiger, der positive Denker ein Glaubender. Der eine ist voller Selbstzweifel, der andere durchdrungen von Selbstvertrauen. Der eine gibt auf, wenn sich Schwierigkeiten auftürmen, der andere ist seiner Lage gewachsen, auch wenn es schlimm wird. Wer negativ denkt, schaltet durch seine Hoffnungslosigkeit den Strom der schöpferischen Kraft ab. Wer positiv denkt, vom Glauben an Gott und an sich selbst geleitet, macht die Kanäle der einströmenden Kraft und Kreativität, die erstaunliche Ergebnisse vollbringen, weit auf. Kurz, wer negativ denkt, neigt dazu, Mißerfolge zu sehen und dadurch zu verursachen. Wer positiv denkt, stellt sich das Mögliche vor und zieht für sich und seine Pläne den Erfolg förmlich an.

Begeisterung wirkt Wunder

Das positive Denken erkennt, daß Gut und Böse im Leben stets vorhanden sind, daß es aber weit besser ist, auf das Gute zu bauen. Und wenn wir auf das Gute bauen, gewinnt es die Kraft, sich selber zu stärken und zu entwickeln.

Trotzdem positiv

Ein positiver Mensch lehnt es nicht ab, das Negative zur Kenntnis zu nehmen, er weigert sich nur, sich ihm zu unterwerfen. Die positive Denkweise blickt immer zuerst auf die guten Möglichkeiten, sie erstrebt selbst unter schlechtesten Verhältnissen die besten Resultate. Es ist immer möglich, etwas Besseres zu erhoffen und anzustreben, selbst wenn die Dinge noch so unfreundlich aussehen.

Trotzdem positiv

Positiv denkende Menschen sind sozusagen Wortwerfer. Sie werfen jedes negative Wort weg, das sich dem persönlichen Wachstum, der persönlichen Entwicklung in den Weg stellt – Wörter, wie „wenn", „das geht nicht" und „unmöglich". Sie werfen sie einfach und ohne Umstände aus ihrem Wortschatz und ihrem Denken hinaus.

Ein negatives Wort ist Symbol einer negativen Vorstellung, die schädlich sein kann. Es ist äußerst wichtig, es fallenzulassen. Man darf sogar ruhig so weit gehen, solche Mißerfolg erzeugenden Wörter zu vergraben.

Begeisterung wirkt Wunder

Worte können von großer, suggestiver Kraft sein, und allein schon in ihrer ruhigen Aussprache liegt viel heilsame Wirkung.

Die Kraft positiven Denkens

Worte, die wir aussprechen, haben einen direkten Einfluß auf unsere Gedanken. Gedanken bringen Worte hervor, denn sie sind die Träger unserer Ideen. Aber Worte beeinflussen umgekehrt auch unsere Gedanken und können Stimmungen schaffen. In Tat und Wahrheit beginnen unsere Gedanken oft mit Worten; je ruhiger und disziplinierter daher unser Gespräch ist, je mehr bejahende Gedanken es enthält, um so ruhiger und friedlicher werden unsere Idee und schließlich unser Gemüt sein.

Die Kraft positiven Denkens

[**D**ennoch ist das] Gemüt [...] etwas Veränderliches, eine Mischung von Hell und Dunkel, Höhen und Tiefen, Freude und Trübsinn, ein rhythmischer Wechsel von Stimmungsebenen. Es ist leichter, das seelische Tief überhandnehmen zu lassen, als das Hoch festzuhalten.

Begeisterung wirkt Wunder

Als positiv denkender Mensch müssen Sie die Herrschaft über den Wellenzyklus übernehmen. Wenn es abwärts geht, bewegen Sie sich ruhig mit, aber sorgen Sie mit gedanklicher Kontrolle dafür, daß Sie ganz schnell wieder oben sind. Die Hauptsache ist, daß Sie in den Wellentälern der Entmutigung nicht aufgeben oder sitzenbleiben.

Begeisterung wirkt Wunder

Wenn wir anfangen, richtig zu denken, nicht gefühlsbeladen, sondern objektiv, nicht negativ, sondern positiv, dann können wir entschlossen korrigierend handeln.

Da ein Gedanke etwas ist, das in Ihrem Kopf vorgeht und das Sie kontrollieren können, wenn Sie den Willen dazu haben, und da Entmutigung eine Anhäufung von düsteren Gedanken ist, haben Sie die Wahl, diese Gedanken entweder zu hegen oder hinauszuschmeißen.

Begeisterung wirkt Wunder

Wenn Sie es stark genug wollen, dann können Sie Ihre Gedanken beherrschen und lenken, statt sich von ihnen herumschubsen zu lassen.

Begeisterung wirkt Wunder

Positives Denken wird sich bewähren, wenn man es wirklich will.

Trotzdem positiv

Negative Gedanken zu beherbergen, ist sehr gefährlich.

Trotzdem positiv

Wir können uns tatsächlich in eine Situation „hineindenken" und uns auch aus ihr „herausdenken"; unsere Gedanken können uns krank oder gesund machen. Umstände werden weit mehr durch Gedanken bestimmt als Gedanken durch Umstände.

Die Kraft positiven Denkens

[...] eine bekannte Tatsache [ist], daß allein unser Denken viel dazu beiträgt, um uns entweder gesund oder krank, halb gesund oder halb krank zu machen. Richtige Gedanken stimulieren Gesundheit: Falsche Gedanken begünstigen, und in einigen Fällen verursachen sie sogar Krankheit.

Ja zum Leben

Wir putzen die Zähne, wir waschen uns, wir treiben Gymnastik, und genauso sollten wir auch überlegt und systematisch danach trachten, unseren Geist gesund zu erhalten.

Die Kraft positiven Denkens

Sehen Sie sich nie als alt, müde, krank oder mutlos an. Sehen Sie sich nie als geschlagen an. Hoffnung ist eine Form der Vorstellung. Bringen Sie Hoffnung in Ihr Gemüt, tauschen Sie alle negativen Gedanken gegen positive aus. Denken Sie immer daran: Wir haben die Neigung, das zu werden, was wir uns vorstellen oder vor uns sehen.

Begeisterung wirkt Wunder

Es lohnt sich [also], über die eigenen Gedanken zu wachen, sie zu analysieren, ob sie konstruktiv oder destruktiv sind, und die destruktiven in positive Gedanken umzuwandeln.

Leben kann Freude sein

Die Wissenschaftler haben den Einfluß des Geistes auf den Körper entdeckt. Viele von ihnen sagen heute, daß man eine gute Gesundheit nicht nur durch körperliche Betätigung erlangt, sondern wahrscheinlich ebensosehr durch geistiges Training.

Mut und Vertrauen durch positives Denken

Es ist ein geistiges Gesetz, daß negatives Denken, negative Einstellungen, negative innere Bilder zu negativen Ergebnissen führen *müssen.*

Der Plus-Faktor

Der negative Denker tut etwas sehr Gefährliches. Er verströmt ständig negative Gedanken über alles. Damit wird seine Umwelt negativ aktiviert. Es gibt ein Naturgesetz, daß Gleiches sich anzieht: „Gleich und gleich gesellt sich gern." Auch unter Gedanken derselben Art herrscht eine solche Affinität. Wenn man negative Gedanken aussendet, kommen negative Resultate zurück: „Wie man in den Wald hineinruft, so tönt es heraus." Es ist ein unverrückbares geistiges Gesetz von Ursache und Wirkung.

Begeisterung wirkt Wunder

Wer sich längere Zeit mit einer Schwierigkeit herumgeschlagen hat, soll sich immer fragen, ob er sich nicht seit Wochen, Monaten oder gar seit Jahren eingeredet hat, er könne nie damit fertig werden. Durch diese negative Denkweise wurde unser Geist langsam von unserer Unfähigkeit überzeugt, bis wir selber daran glaubten.

Die Kraft positiven Denkens

Ein Geist, der von negativen Gedanken gesäubert ist, arbeitet besser und verfügt über mehr Kraft als einer, der mit kleinlichen, pessimistischen Gedanken belastet ist.

Da die meisten Hindernisse, mit denen wir zu kämpfen haben, geistiger und charakterlicher Natur sind, müssen wir vor allem von negativen Gedankengängen geistig frei werden.

Die Kraft positiven Denkens

Jede Einstellung aber ist allein durch einen Denkprozeß möglich, und sie bestimmt weitgehend unser Handeln. Wenn wir glauben, daß es uns nicht möglich sein wird, eine Schwierigkeit zu meistern, dann werden wir auch nicht damit fertig werden. Sagen wir uns aber, daß sie nicht so groß ist, wie wir zuerst glaubten, und daß sie durchaus überwunden werden *kann*, wird sie unserer Kraft weichen müssen, auch wenn wir nur zögernd und unsicher den Gedanken an eine erfolgreiche Überwindung begonnen und genährt haben.

Die Kraft positiven Denkens

Keine Tatsache, die sich uns entgegen-stellt, ist je so wichtig wie die Einstellung, die wir zu ihr haben. Eine Tatsache kann uns ein-schüchtern, ja sogar niederwerfen, bevor wir überhaupt etwas gegen sie unternommen haben – allein aufgrund unserer geistigen Ein-stellung. Andererseits können vertrauende, optimistische Gedanken jede Schwierigkeit vermindern und überwinden.

Die Kraft positiven Denkens

[**W**er positiv denkt,] sendet robuste Ge-danken des Glaubens, der Hoffnung und des Optimismus aus. Positive Gedanken strömen kraftvoll aus seinem Geist, und die Umwelt wird positiv aktiviert. Nach dem gleichen Gesetz der Anziehungskraft drängen positive Ergebnisse zum positiv Denkenden zurück.

Begeisterung wirkt Wunder

Der positiv denkende Mensch ist ein Vollbringer, der aus mehreren Gründen starke Ergebnisse erzielt. Er steht dem Phänomen, das wir Problem nennen, weder ängstlich noch fassungslos gegenüber. Als praktischer, positiv denkender Philosoph weiß er, daß jedes Problem den Samen seiner eigenen Lösung in sich trägt. Wo es keine Probleme gibt, gibt es keine Lösungen, und der Fortschritt bleibt stecken. Der positiv denkende Mensch weiß, daß gute Ergebnisse im fruchtbaren Boden schwieriger Probleme wurzeln.

Begeisterung wirkt Wunder

Der positiv denkende Mensch hat sich von [...] Selbstvorwürfen befreit. Sein Leitgedanke ist nicht „hätte ich", sondern eine viel stärkere, vorwärtsblickende Vorstellung, eine voller Hoffnung und Erwartung, nämlich der dynamische Gedanke „das nächste Mal". Mit diesem Konzept erreicht er unbegrenzt positive Ergebnisse. Wenn er einen Fehler macht, wenn er nicht tut, was er hätte tun sollen, oder etwas tut, was er hätte unterlassen sollen, dann kehrt er dem Ganzen den Rücken zu und nimmt sich einfach vor: „Das nächste Mal mache ich es besser, handle ich klüger. Das nächste Mal kann ich es richtiger beurteilen." Dieses Denken ist ganz auf das Vorwärtsgehen, auf das Bessermachen ausgerichtet! Seien Sie kein „hätte ich"-Denker, denn sonst bleiben Sie an der Vergangenheit hängen, an Fehlern, Irrtümern, Verlusten, falschen Einschätzungen, Situationen, an denen Sie doch nichts mehr ändern können.

Begeisterung wirkt Wunder

Positiv denkende Menschen [...] entwickeln die seelische und geistige Fähigkeit, ihr Denken in jeder Situation in Betrieb zu halten. Sie sind nicht gefühlsabhängig, sondern geistig beherrscht. Infolgedessen können sie wohl gelegentlich mutlose Stunden erleben, sind aber dank ihrer gesunden, geistig beherrschten und objektiven Haltung in der Lage, sich über die Mutlosigkeit zu erheben und mit ihr fertig zu werden. Sie akzeptieren eine entmutigte Einstellung auch nicht als endgültige Antwort auf eine Mißerfolgssituation irgendwelcher Art.

Begeisterung wirkt Wunder

Jene Menschen, die ständig in freudvollen und positiven Gedankenmustern leben, besitzen die bemerkenswerte Gabe, alle Widerstände zu meistern. Ich bin der Überzeugung, auch Sie können das schaffen.

Das Abenteuer des Lebens

II

VERTRAUEN WIRKT WUNDER

Der Glaube an sich selbst

„Ohne ein bescheidenes,
aber vernünftiges Maß an Vertrauen
in unsere eigene Kraft
können wir weder erfolgreich
noch glücklich werden."

Jeder Mensch besitzt eine bestimmte Vorstellung von sich selbst. Und von dieser Vorstellung hängt es ab, was er erreicht.

So hast du mehr vom Leben

Die Einstellung eines Menschen sich selbst gegenüber, das heißt, das Bild, das er sich von sich selber macht, ist von entscheidendem Einfluß auf seine Leistung und auf sein ganzes Leben.

Was Begeisterung vermag

Wir alle haben eine bestimmte Vorstellung von uns, ein Bild, das unsere Haltung und Einstellung weitgehend beherrscht. Um das Leben einigermaßen zufriedenstellend zu finden, mußt Du ein Bild Deiner selbst entwickeln, mit dem Du leben kannst. Du mußt Dir selbst annehmbar erscheinen. Du mußt über ein Ich verfügen, das Du schätzt, eines, auf das Du Dich verlassen und dem Du vertrauen kannst.

Wenn dieses Bild so aussieht, daß Du darauf stolz sein kannst, dann fühlst Du Dich sicher. Nun funktioniert alles besser.

Ja zum Leben

Das Bild unseres eigenen Ichs, welches wir in uns festhalten, ist der Schlüssel zum Erfolg oder Mißerfolg unserer Pläne und unserer Wünsche. Wenn diese Vorstellung ungenügend ist, so ist es angezeigt, sie zu korrigieren. Wir können dies systematisch erreichen, indem wir uns vorstellen, daß wir bereits die Art Person sind, die wir zu sein wünschen.

Ja zum Leben

Wenn Sie Ihren festen Entschluß immer wieder beharrlich bekräftigen, setzt er sich in Ihrem Unterbewußtsein fest, und dieses wiederum hilft Ihnen, das zu werden, was Sie werden wollen.

Mut und Vertrauen durch positives Denken

Bildhafte Vorstellungen im Bewußten werden sich bei ständiger Wiederholung tief in das Unbewußte einprägen.

So hast du mehr vom Leben

Wer sich etwas fest vornimmt und die nötige Selbstdisziplin aufbringt, wird auch erreichen, was er sich vorgenommen hat.

Was Begeisterung vermag

Im Grunde genommen geht es |...| darum, auf geistiger Grundlage unsere Persönlichkeit zu entwickeln.

Ja zum Leben

|**D**enn Du| bist auf immer an Dich gebunden, wohlverstanden an Dich. Dein Ich. Es gibt keine Flucht, keine Alternative, keine Lösung. Du mußt mit Deinem Ich leben, solange du lebst.

Ja zum Leben

Es hat wenig Sinn, mit seinem Ich unglücklich zu leben, speziell, wenn es nicht nötig ist.

Ja zum Leben

Leider, das habe ich immer wieder beobachtet, haben viele Menschen völlig unbegründet eine negative Meinung von sich selber. Sie neigen dazu, sich zu unterschätzen und ihre Fähigkeiten herabzumindern.

Was Begeisterung vermag

Manches Versagen liegt darin begründet, daß wir nicht klug genug sind, auf die Kraft des Vertrauens zu bauen. Vielleicht erklärt dies, wie wichtig oft das Absehen vom eigenen Spekulieren ist, und warum die größten aller Lehrer uns raten, in manchen Dingen wie ein Kind zu sein, weil kindliches Wesen Zuversicht und Vertrauen ausdrückt.

So hast du mehr vom Leben

Das Geheimnis liegt darin, daß wir unseren Geist mit Gedanken des Vertrauens und des Glaubens und der Sicherheit erfüllen. Dadurch werden alle Zweifel aus unserem Denken vertrieben.

Die Kraft positiven Denkens

Wenn jemand einen starken Glauben entwickelt, wenn Zweifel und Minderwertigkeitsgefühle abgebaut oder gar ausgemerzt werden, dann hat dieser Mensch keine ernsthaften Schwierigkeiten mit der Problembewältigung mehr. Er verändert sich in seiner geistigen und seelischen Natur vollständig. Eine frühere Schwäche wird zur Stärke. Wer sich zuvor unzulänglich fühlte, kann jetzt schwierige Dinge mit Schwung und Kraft unternehmen und meistern. Probleme, die ihn früher überwältigten, zurückwarfen, niederdrückten, überwindet er jetzt. Entweder löst er sie, oder er lernt, mit ihnen zu leben. Und er tut dies in der positiven Einstellung, daß sie in Wirklichkeit keine Hindernisse, sondern im Gegenteil Karrierebauer, Superproduzenten von praktischer Erfahrung sind.

Begeisterung wirkt Wunder

[**D**eshalb] glaube an dich selber. Habe Vertrauen in deine Fähigkeiten! Ohne ein bescheidenes, aber vernünftiges Maß an Vertrauen in unsere eigene Kraft können wir weder erfolgreich noch glücklich werden. Selbstvertrauen bringt Erfolg. Jedes Gefühl der Minderwertigkeit vermindert die Kraft unserer Hoffnung und lähmt unsere Tatkraft; Selbstvertrauen aber führt zur Selbstverwirklichung und zur erfolgreichen Vollendung unserer Aufgaben.

Die Kraft positiven Denkens

[**D**en] Wandel der inneren Einstellung habe ich selbst durchmachen müssen. Als junger Mann war ich alles andere als positiv eingestellt. Ich wurde sogar von einem Minderwertigkeitskomplex beherrscht. Zu lernen, wie man den abschüttelt und normal lebt, war eines der größten Probleme, die ich je zu bewältigen hatte. Ich hegte ehrgeizige Träume und setzte mir große Ziele. Meine Begeisterung und Energie waren grenzenlos. Zugleich aber quälten mich Selbstzweifel und Gefühle der Unzulänglichkeit. Mein Unterbewußtsein redete mir höhnisch ein: „Du kannst es nicht, dir fehlt, was es dazu braucht."

Begeisterung wirkt Wunder

Mangelndes Selbstvertrauen ist eine der größten Barrieren, die eigene Persönlichkeit zu entfalten.

Leben kann Freude sein

Die Fähigkeit, Selbstvertrauen zu gewinnen und es im Leben machtvoll einzusetzen, ist ein besonderes inneres Wissen und muß, wie jedes Wissen, mit Kopf und Herz erfaßt und praktisch angewandt werden, wenn unser Bemühen von Erfolg gekrönt sein soll.

Die Kraft positiven Denkens

Wenn wir [...] unsere Fähigkeiten, unser Selbstvertrauen, unseren Mut und alles, was *für* uns spricht, in uns wachhalten, es immer und immer wiederholen und unsere Geisteswelt damit anfüllen, dann werden sich unsere inneren Kräfte sammeln und verstärken.

Die Kraft positiven Denkens

Glauben Sie daran, daß das Leben etwas ist, das man zu meistern hat, indem man es zum Höchsten bringen will. Denken Sie immer daran, daß in Ihnen mehr Kraft steckt, als Sie je gedacht und sich vorgestellt haben.

Mut und Vertrauen durch positives Denken

Ein gesundes Selbstvertrauen überwindet alle Schwierigkeiten und Hindernisse.

Leben kann Freude sein

Man muß innerlich stark sein, wenn man in dieser Welt durchkommen will. Ohne Stärke werden wir erdrückt oder zum mindesten angeschlagen.

Ja zum Leben

Wer gewinnen will, muß an sich glauben und in seine Fähigkeiten und Ziele Vertrauen haben.

Mut und Vertrauen durch positives Denken

Es ist sehr wichtig, sich darüber klar zu werden, daß ein enormes Kraftreservoir in uns schlummert und nur darauf wartet, von uns benutzt zu werden.

Leben kann Freude sein

[**D**enn] Vertrauen schafft Standkraft. Es gibt uns auch Durchschlagskraft und Ausdauer, wenn das „Spiel" hart wird und größte Anstrengungen erfordert. Wenn alles wie am Schnürchen läuft, ist es keine Kunst durchzuhalten. Wenn das Leben aber besondere Anforderungen stellt, wenn sich scheinbar alles gegen uns wendet, dann braucht es *mehr*, und es ist etwas Großes um das Geheimnis, sich durch die verschiedenen Wechselfälle und Mißgeschicke nicht beirren zu lassen im Glauben an das Gelingen.

Die Kraft positiven Denkens

Das Versagen beginnt in den Gedanken, wenn man die Vorstellung hegt, man sei tatsächlich unfähig, ein geborener Verlierer. Wirken Sie also dem Versagen entgegen, entwickeln Sie die Fähigkeit zu glauben.

Begeisterung wirkt Wunder

Jeder Mensch kann mehr aus seinem Leben machen, wenn er den ehrlichen Wunsch hat, sein Leben zu verbessern.

So hast du mehr vom Leben

[**E**r] muß lernen, nach Besserem Ausschau zu halten, wenn er sich Besseres erhofft. Das Bessere *kommt*, wenn man es sich erhofft! Unbeirrtes Erhoffen hat wie ein Magnet gewaltige Anziehungskraft. Das bedeutet, daß man den Dingen, die aussichtslos zu sein scheinen, positiv begegnen muß.

Mut und Vertrauen durch positives Denken

Das Verlangen, besser zu werden, ist überaus wichtig; es ist Voraussetzung, um wirklichen Glauben zu erlangen.

Mut und Vertrauen durch positives Denken

Der Glaube an ein Projekt und der Glaube an sich selbst sind ausschlaggebend für den Erfolg. Natürlich sind auch andere Qualifikationen äußerst wichtig, aber der grundlegende, entscheidende Faktor ist der Glaube daran, daß *wir können*, was wir erreichen wollen.

Begeisterung wirkt Wunder

Das Grundprinzip des Erfolgs ist tatsächlich der Glaube. Glauben Sie an das, was Sie tun; glauben Sie an sich selbst als Menschen, der das, was er macht, auch wirklich machen kann.

Mut und Vertrauen durch positives Denken

Wir müssen glauben können. Glauben an uns, glauben an den Mitmenschen, glauben an das Leben. Wir müssen aufhören zu zweifeln, zu zagen, uns zu sorgen.

So hast du mehr vom Leben

Wenn wir lernen zu glauben, wird das Unmögliche möglich.

So hast du mehr vom Leben

Starke Persönlichkeiten, die andere anspornen, anregen, die Mut und Zuversicht und Hoffnung verbreiten, werden überall außerordentlich geschätzt. Alle von uns brauchen Mut, Kraft und Hoffnung, und sehr oft haben wir ein dringendes Bedürfnis nach einer Aufmunterung. Wenn wir nun mit Menschen zusammentreffen, die von uns etwas von dieser geistigen Kraft aufnehmen können, ist es nur natürlich, daß wir für sie wichtig werden und in ihrem Herzen einen Platz gewinnen.

Trotzdem positiv

Der Glaube ist die Kraft positiven Denkens. Er bringt alles fertig. Er verwandelt Mißlingen in Erfolg. Wer glaubt, gewinnt.

Mut und Vertrauen durch positives Denken

Gläubige Menschen packen zu, sie sind positiv eingestellt. Sie wissen, daß aus Kleinem Großes gemacht werden kann. Eine stämmige Eiche entsteht aus einer einzigen Eichel. Glaubende Menschen sind denkende Menschen. Sie vergeuden keine Zeit, indem sie daran denken, wie schlecht es ihnen ergeht. Sie grübeln nie negativen Gedanken nach. Sie denken positiv, sie denken und denken und glauben.

Mut und Vertrauen durch positives Denken

Auch Du kannst [...] Kraft entfalten und gewappnet sein. Es liegt an Dir, ein unerschütterlicher Optimist zu werden.

Ja zum Leben

Schalten wir alle verneinenden und pessimistischen Gedanken aus, denn was immer wir in unserem Geiste hegen - es wird dort wachsen und gedeihen, im Guten wie im Schlechten.

Die Kraft positiven Denkens

Entwickeln Sie eine bis zum Grund reichende positive Einstellung.

Mut und Vertrauen durch positives Denken

Wenn Sie beschließen, daß nichts auf der Welt Sie besiegen kann, dann kann Sie auch nichts mehr besiegen.

Leben kann Freude sein

Sie können am stärksten an Ihrer schwächsten Stelle werden. Das ist eine höchst wichtige Tatsache für jedermann.

Trotzdem positiv

Wer positiv denkt, betrachtet schwache Stellen als eine Herausforderung des Schicksals. Sie vermögen diese schwache Stelle in Ihre Kraft zu verwandeln.

Dieser Vorgang ist mit dem des Schweißens zu vergleichen. Wenn ein Stück Metall bricht und wieder zusammengeschweißt wird, dann ist die geschweißte Stelle stärker als das übrige Stück.

Trotzdem positiv

Selbst wenn wir auf dem Boden liegen, steckt das Gute und Positive immer noch in uns. Wir brauchen es nur zu *entdecken*, zu *erwecken* und *aufzurichten*. Das aber braucht Mut und Charakterstärke [...]. Wer Vertrauen entwickelt, wird auch Mut und Charakter erhalten.

Die Kraft positiven Denkens

Sie können gar nicht erahnen, wie viele unwahrscheinliche Möglichkeiten in Ihnen stecken. Setzen Sie sie ein. Deshalb führen wir die fünf schöpferischen Prinzipien auf: denken, lernen, versuchen, arbeiten und glauben.

Mut und Vertrauen durch positives Denken

Mut wird Ihnen enthüllen, daß Sie stärker sind, als Sie dachten. Furcht wird nachlassen und der Mut in direktem Verhältnis steigen zu der Wirksamkeit, mit der Sie Mut in die Praxis umsetzen. Üben Sie sich als erstes im mutigen Denken und sodann im mutigen Handeln. Das wird die hilfreichen geistigen Kräfte anregen, die es Ihnen ermöglichen werden, Ihre Angst zu bezwingen.

So hast du mehr vom Leben

„**U**nsere Ketten im Leben sind selbst geschmiedet."

In Wirklichkeit hängen wir tatsächlich ein Glied in das andere ein, bis wir eine ganze Kette von Furcht zusammen haben, durch die wir dann auch gebunden sind. Komischerweise lieben wir diese Ketten nicht weniger, als daß wir sie hassen.

Ja zum Leben

Positiver Glaube wird Ihren Mut stets stärken.

Das Abenteuer des Lebens

Gefühle der Sicherheit oder Unsicherheit hängen von unserer Denkweise ab. Wenn wir unsere Gedanken ständig auf die Erwartung düsterer und gefährlicher Dinge konzentrieren, werden wir uns auch fortwährend unsicher fühlen. Und was noch viel gefährlicher ist: Durch die Macht unserer Gedanken erzeugen wir einen dauernden Zustand der Angst und direkt die Voraussetzung für ungünstige Entwicklungen.

Die Kraft positiven Denkens

Ich habe mich zur Hauptsache durch die Kraft schöpferischer Gedanken von meinen Ängsten befreit.

Ja zum Leben

Angst ist eine Häufung düsterer Schatten, und ein Schatten hat keine Substanz. Gewöhnlich handelt es sich lediglich um eine unendlich vergrößerte Spiegelung von etwas im Grunde völlig Nebensächlichem. Deshalb findet man sie häufig ganz widersinnig, wenn man sich ihr einmal kühn entgegenstellt.

So hast du mehr vom Leben

Versuchen, denken und glauben; wahrhaft versuchen, ernsthaft denken und wirklich glauben. Diese drei Grundsätze können alle unsere Schwierigkeiten überwinden.

Trotzdem positiv

Kleiner Glaube ergibt kleine Resultate; mittlerer Glaube erzielt mittlere Ergebnisse; großes Vertrauen und starker Glaube aber erzielen große Ergebnisse.

Die Kraft positiven Denkens

Wirf dein Vertrauen jedem Hindernis entgegen, wirf deine Vorstellungskraft und deinen Glauben gegen deine Schwierigkeiten. Mit anderen Worten: Wirf deine ganze geistige Kraft über deine Hindernisse, und dein Selbst wird sie überwinden. Erwarte das Beste, nicht das Schlimmste, und die Wünsche deines Herzens werden sich erfüllen.

Die Kraft positiven Denkens

Die schöpferische Kraft des Glaubens und des Vertrauens ist es, die unsere Ziele verwirklicht.

Die Kraft positiven Denkens

III

BEGEISTERUNG IST DIE WAHRE WÜRZE DES LEBENS

Was Begeisterungsfähigkeit vermag

„Echte Begeisterung
vollbringt in jedem Bereich
unseres Lebens Unwahrscheinliches."

Wir sind von Natur aus mit Begeisterung versehen. Sie ist uns angeboren wie das Lachen und das Schmunzeln.

Mut und Vertrauen durch positives Denken

Wenn ich von Begeisterung spreche, so meine ich nicht jene sprühende, übertriebene und oberflächliche Art, sondern vielmehr die positive, starke und kontrollierte Einstellung, die mit Sicherheit sowohl die ruhigen, zurückhaltenden und nachdenklichen Menschen als auch die kräftigen und extrovertierten haben.

Mut und Vertrauen durch positives Denken

Begeisterung ist kein einfaches und leicht zu realisierendes Konzept. Sie ist eine Geisteshaltung, die schwer erarbeitet werden muß, die aber, wenn sie erst einmal erreicht ist, große Kraft und Macht ausüben kann.

Das Abenteuer des Lebens

Begeisterung ist eine der größten Qualitäten des Lebens [...].

Das Abenteuer des Lebens

Begeisterung ist mehr als eine zufällige optimistische Lebenseinstellung. Sie ist eine feste und unerschütterliche geistige Haltung, die nicht leicht zu erreichen und manchmal auch nicht leicht aufrechtzuerhalten ist, die aber unendlich machtvoll sein kann.

Leben kann Freude sein

Echte Begeisterung, nicht die künstliche oder aufgesetzte, ist Begeisterung, die aus tieferen inneren Quellen sprudelt, sie ist geistig von Natur. Das Wort „Begeisterung" kommt von Geist. Deshalb erlangt man durch Begeisterung soviel Kraft und Wirkung.

So hast du mehr vom Leben

Zweifeln wir nie, daß die schöpferische Kraft der Begeisterung Wunder wirken wird. Sie bildet einen elementaren Faktor in der Kunst, das ganze Leben dynamisch zu leben.

So hast du mehr vom Leben

Passen Sie auf, wieviel „Wunderbares" Sie tagtäglich zu sehen bekommen: einen phantastischen Sonnenuntergang; das wie ein Granitfelsen zerklüftete Gesicht eines alten Mannes; einen Kirschbaum in voller Blüte; eine malerische Schneewehe an einer alten Mauer. Je mehr Sie das Wunder des Lebens betonen, desto mehr entwickeln Sie das Wunder der inneren Einstellung, das man Begeisterung nennt.

Der Plus-Faktor

Wenn jemand Begeisterungsfähigkeit entwickelt, beginnen aufregende Dinge zu geschehen. Die Wahrscheinlichkeit ist groß, daß man anders wird, vielleicht sogar ausgeprägt anders. Wenn jemand zuvor teilnahmslos war, ohne Schwung und Tatkraft, dann kann die Metamorphose zur Begeisterung richtiggehend dramatisch sein. Ein bis anhin phantasieloser, schläfriger Mensch wird mit einemmal lebendig, bekommt Antrieb und schwingt sich auf zu einem Erfolg, den sich niemand hätte träumen lassen, auch nicht er selbst.

Der Plus-Faktor

Wenn es Ihnen an Begeisterung fehlt, wenn Sie oberflächlich und mürrisch sind oder zu den „Das-ist-doch-egal"-Menschen gehören, so können Sie durch das konsequente Befolgen des „Als-ob-Prinzips" sich wirklich in einen begeisterten Menschen verwandeln. Es ist nun einmal so: Ein über lange Zeit innerlich vorgelebtes Eigenbild wird letztlich Wirklichkeit.

Mut und Vertrauen durch positives Denken

Großartig ist's, daß jeder Mensch begeistert werden kann. Jeder von uns hat die Kraft, zu einem freien, glücklichen, kräftigen und erfolgreichen Menschen zu werden.

Mut und Vertrauen durch positives Denken

Und wie wird man denn begeistert? Ganz einfach, indem man das Leben liebt. Indem man die Menschen liebt; indem man den Himmel liebt, unter dem man lebt; indem man alles Schöne liebt; indem man Gott liebt.

Was Begeisterung vermag

Du kannst aus Dir eine begeisterte Person *machen*, indem Du Dir selbst versicherst, daß Du eine solche bist, indem Du in Begeisterung denkst, in Begeisterung sprichst, in Begeisterung handelst. Du wirst wirklich auf diese Weise begeistert werden.

Ja zum Leben

Handeln Sie, als ob Sie begeistert wären;
denn so stellt sich schon bald die schöpferische Kraft der Begeisterung in Ihrem Körper,
Ihrer Seele und Ihrem Geist ein, um Sie zu einem noch besseren Leben zu führen.

Mut und Vertrauen durch positives Denken

Wenn das ganze Wesen des Menschen
wachsen und sich entwickeln soll, braucht in-
dessen die Seele nicht weniger Ertüchtigung
und richtige Ernährung als Körper und Geist.
Begeisterung ist im wesentlichen eine seelische Eigenschaft, obwohl es leichter ist, begeistert zu sein, wenn der Körper gesund und
der Geist aufnahmebereit ist. Das Ganzheits-
prinzip von Körper, Geist und Seele wird denn
auch als zunehmend wichtig betrachtet. Es
trägt sehr viel zu einer allgemeinen Aufwer-
tung des Lebens bei, verleiht ihm einen tieferen
Sinn, mehr Freude und Anregung.

Der Plus-Faktor

Jeder Aspekt des Lebens ist nur so öde und alltäglich, wie man ihn findet. Man kann ihn jedoch auf gedanklichem Weg aus dieser Öde und Gewöhnlichkeit herausheben und ihn zu etwas erstaunlich Lohnendem machen. Alles hängt davon ab, wieviel Begeisterung man aufbringen und ehrlich empfinden kann, und wie dynamisch geistig das Motiv dafür ist. Echtes Gefühl für den Sinn im ganzen plus Begeisterung wird jede Arbeit im Wert steigern, ganz gleich, um was es sich handelt.

So hast du mehr vom Leben

Echte Begeisterung vollbringt in jedem Bereich unseres Lebens Unwahrscheinliches, in unserer Arbeit, unseren Beziehungen zur Familie und zu Freunden, unserer ganzen Lebenseinstellung.

Was Begeisterung vermag

Wenn wir mit Begeisterung an unsere Aufgaben gehen, dann stellen wir plötzlich fest, wie interessant sie sind. Und wir stellen auch fest, wie wir selber uns ändern. Denn Begeisterung vermag unsere Einstellung zur Arbeit zu ändern, weil sie uns selber ändert.

Was Begeisterung vermag

Wir verlieren unsere Energie erst dann, wenn uns das Leben langweilt. Wenn wir uns aber für eine Aufgabe begeistern, wenn wir uns für etwas einsetzen, aus uns herausgehen, etwas *werden* und etwas *tun*, dann wächst auch unsere Energie und Lebenskraft. [...] Je mehr wir uns an eine Aufgabe verlieren, die größer ist als wir selber, um so mehr werden wir daran wachsen.

Die Kraft positiven Denkens

Begeisterung trägt alles, Begeisterung kann Wunder bewirken.

So hast du mehr vom Leben

Wenn ein Mensch begeistert ist, lebt er rundum auf. Er wird scharfsinnig und einfühlsamer. Die ganze Lebenskraft und die Fähigkeit, schöpferisch zu handeln, nehmen zu. Ein solcher Mensch ist motiviert und setzt sich duch.

Mut und Vertrauen durch positives Denken

Menschen, die konstruktiv im Leben vorgehen, investieren grenzenlose Hingabe an das, was sie gerade tun. Sie werten ihre Arbeit oder Möglichkeit niemals ab, sondern greifen mit Begeisterung zu und regen damit die Kräfte zu erfolgreichen Leistungen an.

So hast du mehr vom Leben

Begeisterung ist in der Tat eines der wirksamsten Aktivierungsmittel. Sie bringt Menschen und Ergebnisse in Gang – wirklich in Gang –, und zwar auf oft aufsehenerregende Weise.

Der Plus-Faktor

Das Leben sollte ständig erregend sein. Wir sind dazu bestimmt, täglich von neuem Begeisterung zu empfinden. Der Geist des Menschen ist nie darauf angelegt gewesen, niedergedrückt zu sein. Wir sind es, die das zulassen. Und das ist sehr schade.

So hast du mehr vom Leben

Begeisterung kann nicht gedeihen in einem von trüben, ungesunden und destruktiven Gedanken erfüllten Gemüt.

So hast du mehr vom Leben

Wenn wir Pessimismus und Trübsinn abstreifen und uns statt dessen in Optimismus und Begeisterung üben, werden sich erstaunliche Ergebnisse in unserem Leben einstellen.

So hast du mehr vom Leben

Wir wollen das Leben nicht herabwürdigen, indem wir all das aufzählen, was nicht in Ordnung ist. Vieles ist nicht in Ordnung, und wir wollen uns dafür einsetzen, es – soweit es in unserer Kraft liegt – in Ordnung zu bringen. Daher müssen wir unser Sinnen auf das ausrichten, was an unserem Dasein gut ist. Und das Leben ist gut – viel besser jedenfalls, als nicht zu leben, finde ich. Unser Leben auf dieser wunderbaren Erde ist ohnehin kurz. Heute leben wir – morgen nicht mehr. Und darum wollen wir das Leben lieben, es mit aller Kraft unserer Begeisterung lieben, solange wir können.

Was Begeisterung vermag

Eine der gewissesten aller Wahrheiten besteht darin, daß uns das Leben nicht mehr gibt, als wir ihm geben. Gehen Sie auf das Leben zu, und es wird auf Sie zukommen.

So hast du mehr vom Leben

Man kann aus zwei verschiedenen Richtungen an einen neuen Tag herangehen, von der Sorge oder von der Begeisterung her – wir haben die Wahl. Wenn wir die Begeisterung wählen, dann sind wir immer von ihr erfüllt!

Was Begeisterung vermag

Begeisterung löst den Antrieb aus, der Dich über Hindernisse trägt, die Du andernfalls niemals zu meistern vermöchtest. Sie ist es auch, die Deine physische Vitalität steigert und Dich in Schwung hält, selbst wenn sich starker Widerstand bemerkbar macht.

Ja zum Leben

Begeisterung weckt und fördert die Entschlußfähigkeit, die bei der Überwindung von Hindernissen auf dem Weg zu einem besseren Leben ausschlaggebend ist.

Was Begeisterung vermag

Aber die Begeisterung kann nachlassen, sofern nicht ständig in reichlichem Maße Freude vorhanden ist. Denn Begeisterung lebt von der Freude. Doch da lauern immer Schwierigkeiten, Frustrationen und Mißerfolge darauf, Ihrer Freude zu schaden und die Begeisterung zu untergraben.

Das Abenteuer des Lebens

Es ist von großem Übel, wenn man regungslos, unberührt und ohne Begeisterung durchs Leben geht und dauernd in stumpfer Teilnahmslosigkeit verharrt. Leer und abgedreht sein, heißt doch nur, daß man sich die herrliche Freude versagt, die einem Menschen in der allzu kurzen Lebenszeit zusteht, welche die meisten von uns haben.

Mut und Vertrauen durch positives Denken

Wer begeistert ist, kennt wertvolle Quellen und schöpft aus ihnen. Er spielt ein überlegtes, klares Spiel. Er glaubt fest, nichts im Leben sei so schwierig, daß es nicht überwunden werden könnte. Ein solcher Glaube kann in der Tat Berge versetzen. Er kann Menschen verändern, die Welt verändern. Er kann Ihnen helfen, sämtliche Stürme Ihres Daseins zu überleben.

Das Abenteuer des Lebens

Nur die Menschen kommen vorwärts, die allen Gegebenheiten des Lebens – auch den schwierigsten Problemen und scheinbar unüberwindlichen Hindernissen – mit einer vertrauensvollen Haltung und einer begeisterten Einstellung gegenübertreten.

Was Begeisterung vermag

Begeisterung ist der nie erlahmende Impuls, der uns beharrlich unser Ziel verfolgen läßt.

Was Begeisterung vermag

Genau das ist es, was jeder von uns tun muß: weitermachen, immer weitermachen, bis wir die Ziellinie überqueren. Es ist eine Tatsache, daß Enthusiasmus die Kraft ist, die uns weiterschwimmen, weiterrennen oder im Alltag weiterkämpfen läßt bis zum Schluß. Wenn Sie Ihren Enthusiasmus hochhalten, werden Sie ans Aufgeben nicht einmal denken.

Der Plus-Faktor

Ich kann ehrlich sagen, daß meine freudige Erregung und meine Begeisterung noch genauso lebendig sind wie vor vierzig Jahren. Ich weiß also aus eigener Erfahrung, daß Begeisterung Bestand haben kann, daß sie nicht erlahmen muß. Das ist eine unumstößliche Gewißheit, eine herrliche, wunderbare Gewißheit.

Was Begeisterung vermag

Wer [...] von Begeisterung besessen ist, bleibt ein Mensch der Gegenwart, ungeachtet, wie alt er ist. Ein solchermaßen mit Lebenskraft erfüllter Mensch kann unmöglich zu einem Gestrigen werden; er wird immer ein aufgeschlossener Gegenwartsmensch sein.

Was Begeisterung vermag

IV

ICH WÄHLE DAS GLÜCK

Die Kraft innerer Harmonie

„Fangen wir damit an,
Freude und Glück zu erwarten,
und wir werden es auch erreichen."

Glück ist erreichbar, und der Weg dazu ist jedem offen.

Die Kraft positiven Denkens

Kinder wissen vom Lebensglück mehr als Erwachsene. Wer es versteht, auch in späteren Jahren kindliche Glückseligkeit in sich zu tragen, ist mit einer großen Gnade beschenkt, denn er wird den wahren, glückhaften Geist in sich tragen, den Gott der Jugend verliehen hat. Jesus gibt uns den Rat, im Leben ein kindliches Herz und Gemüt zu bewahren. Mit andern Worten: Wir dürfen im Geist nie schal, abgehetzt, alt und müde [...] werden.

Die Kraft positiven Denkens

Eine ruhige, feste Geisteshaltung ist wesentlich, wenn man glücklich sein will.

Begeisterung wirkt Wunder

Um wahres Glück zu empfinden, bedürfen wir
eines reinen Herzens und eines Augenpaares,
das Romantik und Schönheit auch im Alltag zu
erkennen vermag; kurz: des unverdorbenen
Empfindens des Kindes.

Die Kraft positiven Denkens

Es ist wahr, daß unsere Gedanken bestimmen, ob wir im Leben unglücklich oder glücklich
sind. Wir schaffen die Welt, in der wir leben, in
unserem Geist. Daraus folgt, daß, wenn wir
dauerndes Glück erreichen wollen, wir die Gedanken pflegen müssen, die Glück erzeugen.
Wenn wir gefährliche, häßliche Gedanken
nähren und uns Einstellungen leisten, die
nichts mit Freundlichkeit und Großmut ge-
mein haben, dann entwickeln wir uns zu unglücklichen Menschen. Wir werden in hohem
Maße den Gedanken gleich, die uns normaler-
weise bewegen.

Begeisterung wirkt Wunder

[...] es gibt Menschen, die sich offenbar davor fürchten, glücklich zu sein. Im Unterbewußtsein fühlen sie, daß sich etwas Schlimmes ereignen wird. Sie mögen sogar glauben, es sei angesichts der unsagbaren Leiden auf unserer Welt ungerechtfertigt, glücklich zu sein. Aber man hilft den Unglücklichen kaum, indem man selbst auch unglücklich handelt. Durch Ihr Glück können Sie diese Leute auffangen, und durch einen frohen, enthusiastischen Geist können Sie hingehen und die Welt für alle Menschen ein bißchen besser machen.

Das Abenteuer des Lebens

Denken wir positiv! Der positive Denker entwickelt von selbst ein inneres Gefühl des Wohlbefindens. Er erwartet es – und er erreicht es. Was wir erwarten, wird eintreffen – das ist eines der Grundgesetze des Lebens. Fangen wir damit an, Freude und Glück zu erwarten, und wir werden es auch erreichen.

Trotzdem positiv

[...] unser Glück hängt sehr davon ab, welche Gewohnheiten wir uns zu eigen machen. „Der Gebeugte hat lauter böse Tage, der Wohlgemute hat allezeit Fest." (Sprüche 15,15) Darum bedeutet die Pflege eines „glücklichen Herzens" ein „allezeit Fest", was nichts anderes heißt, als daß wir uns jeden Tag unseres Lebens erfreuen sollen und können. Aus der Pflege glücklicher Gedanken und Gewohnheiten entsteht auch ein glückliches Leben. Glückliche Gewohnheiten entspringen einem befreiten und glücklichen Denken.

Die Kraft positiven Denkens

Die Konzentration auf gute und glückliche Gedanken ist von größter Wichtigkeit, doch sie kann nur Früchte tragen, wenn wir auch während des ganzen Tages unsere Handlungen den fundamentalen Grundsätzen eines glücklichen Lebens unterstellen.

Die Kraft positiven Denkens

Wenn Sie das tun, von dem Sie spüren, daß es das Richtige ist, erlangen Sie größere Erfolgschancen und mehr Glück.

Mut und Vertrauen durch positives Denken

Wer glücklich *handelt*, *fühlt* sich glücklich.

Mut und Vertrauen durch positives Denken

Denken wir freudig |und glücklich|, reden wir fröhlich, handeln wir beschwingt, und wir werden durch unser Handeln, Sprechen und Denken wirklich ein freudiger Mensch werden.

Leben kann Freude sein

Der Mensch kann in sich selber die Quelle der Freude entdecken, aus der er mehr Freude schöpfen kann, als er sich das je vorstellen könnte.

Leben kann Freude sein

Freude wird allen geschenkt, die sich um sie bemühen, sich ihr öffnen. So gefundene Freude löst innere Spannungen, macht uns frei von seelischen Tiefpunkten und verleiht uns ungeahnte Kräfte.

Leben kann Freude sein

Freude ist Öl für den Geist und gleichzeitig auch für die Nerven, Muskeln und das Herz. Freude beschwingt, steigert die Spannkraft und sorgt für eine schnelle Reaktion. Freude unterstützt die Ausdauer und die Liebe zur Sache. Es ist nicht so leicht, einen freudigen, harmonischen Menschen unterzukriegen.

Leben kann Freude sein

Das Individuum, das in sich selbst und mit anderen in Harmonie lebt, ist gesund und kann wirken. Wer nicht in Harmonie lebt, ist im selben Grade wirkungslos.

Ja zum Leben

Im gleichen Ausmaß, wie Sie Freude verbreiten, werden Sie auch Freude empfangen.

Leben kann Freude sein

Um etwas zu leisten, muß man innere Harmonie besitzen, und um diese auszustrahlen, muß man tiefe und echte Freude empfinden können.

Leben kann Freude sein

Um Freude und Harmonie als Dauerzustand zu erreichen, braucht es jedoch auch bei allen Fortschritten Übung und nochmals Übung.

Leben kann Freude sein

Innere Harmonie bedeutet Gesundheit, Disharmonie Krankheit.

Leben kann Freude sein

Der natürliche Zustand eines Individuums ist [...] erreicht, wenn Körper, Seele und Geist harmonisch zusammenarbeiten. Daraus ergibt sich die fortlaufende Erneuerung der uns notwendigen Energie.

Die Kraft positiven Denkens

Baut man durch Disharmonie eine Überanstrengung auf, so verliert man an Kraft und Energie. Lebt man hingegen in harmonischem Rhythmus, dann vermindert man die Anstrengung und erneuert ganz automatisch Energien und Vitalität.

So hast du mehr vom Leben

Wir können vital und freudig leben, wenn wir unsere Einstellung, die niederdrückend wirkt, wegspülen und unseren Geist mit schöpferischen und gläubigen Gedanken füllen.

Leben kann Freude sein

[...] das Leben stellt uns vor so viele Probleme, die unser Glück gefährden, daß wir nicht noch durch unsere Denk- und Handlungsweise neues Unglück produzieren sollten. Wie unsinnig ist es doch, eigenes Unglück zu produzieren, wo wir doch bereits genug mit *den* Dingen zu schaffen haben, die sich unserer Kontrolle entziehen.

Die Kraft positiven Denkens

Sehr oft entzieht sich das Glück Menschen, die seelisch unausgeglichen oder voller Angst sind. Angst ist eine dunkle, völlig irrationale, manchmal niederdrückende Erwartung, es werde etwas Schlimmes geschehen. Lang anhaltende Angst beeinträchtigt die Denkvorgänge dermaßen, daß ein Glücksgefühl gar nicht aufkommen kann.

Begeisterung wirkt Wunder

Es ist sehr wichtig, etwas gegen die Angst zu tun. Angst ist der Feind Ihres Glücks. Sie greift Ihre Denkfähigkeit an, vermindert Ihre Leistungsfähigkeit und gefährdet Ihre Gesundheit.

Trotzdem positiv

Glück, Wohlergehen und Erfolg im Leben hängen wirklich davon ab, daß man sich entscheidet, für das Gewinnbringende entscheidet. Es gibt im Leben Kräfte, die für einen, und solche, die gegen einen wirken. Um Gesundheit und Energie zu gewinnen, müssen Sie imstande sein, wohltuende und bösartige Kräfte zu erkennen und zwischen ihnen die richtige Wahl zu treffen.

Begeisterung wirkt Wunder

Viele Menschen möchten sich für Lebensfreude entscheiden, aber leider versagen sie
sich den inneren Frieden und das Glück, weil
es ihnen nicht gelingt, mit einem Kummer
oder einem Schuldgefühl fertig zu werden,
dessen Ursache Jahre zurückliegt.

Mut und Vertrauen durch positives Denken

Jeder Mensch hat die Möglichkeit, seine
Vorstellungswelt zu ändern. Die Mühe, die uns
das verursacht, ist unendlich viel kleiner, als
wenn wir fortfahren, uns mit negativen Gedanken abzugeben. Ein Leben des inneren Frie-
dens, voller Harmonie und frei von Hast und
Angst führt zur angenehmsten und gehaltvoll-
sten Art des Daseins.

Die Kraft positiven Denkens

An Ihnen liegt es, Seelenfrieden zu finden
und somit Ihr Leben glücklicher zu gestalten.

Leben kann Freude sein

Ein wichtiger Schritt, den Seelenfrieden zu erlangen, ist, Selbstdisziplin zu erlernen. Diese Eigenschaft, wie alles Wertvolle, wird nur von dem erworben, der seine ganze Kraft dafür einsetzt.

Leben kann Freude sein

Seelenfriede ist eine Energiequelle. Es bedeutet nicht, daß der Mensch sich in eine Traumwelt flüchtet, sondern einen regeren Anteil an der wirklichen Welt nimmt. Es bedeutet nicht ein wirkungsloses Einschläfern, sondern vielmehr eine dynamische Anregung der schöpferischen Aktivität. Man muß bedenken, daß Seelenfriede die Kräfte unserer Seele befreit und erhöht.

Leben kann Freude sein

Glücklich diejenigen, die es der Spannung verwehren, sie herumzustoßen, die nicht zulassen, daß der Druck sie erdrückt.

Trotzdem positiv

Haben Sie auch schon über die Sonne nachgedacht? Sie beeilt sich nie, sie regt sich nicht auf, sie macht keinen Lärm, beantwortet keine Telefonanrufe, läßt keine Glocken läuten, sie scheint einfach, und doch vollbringt sie in einem Augenblick mehr, als wir in hundert Jahren fertigbrächten: Sie läßt Blumen und Bäume wachsen, erwärmt die Erde, läßt Korn und Früchte reifen und schenkt uns Wärme und Zufriedenheit. Immer, wenn ich mir Zeit nehme, ein wenig in der Sonne zu sitzen, spüre ich, wie mir ihre Strahlen neue Energie vermitteln.

Die Kraft positiven Denkens

Und wenn wir Freude und Begeisterung in unserem Denken entwickeln, besitzen wir eine Kraft, die größer ist als alles, was die Welt uns antun kann.

Das Abenteuer des Lebens

Wenn wir uns wirklich entspannen und unsere Gedanken einer höheren Welt zuwenden, wenn wir ruhen und stille sind, um in Harmonie mit dem Unendlichen zu gelangen, dann werden wir tatsächlich neuer Kräfte und Energien teilhaftig, und zwar solcher Kräfte, die wir beherrschen, nicht etwa solcher, die uns beherrschen.

Die Kraft positiven Denkens

Ein [...] Bestandteil des Gesetzes der Lebensfreude besteht darin, es als eine feste Tatsache zu betrachten, imstande zu sein, den Nöten und Sorgen zu begegnen und ihrer Herr zu werden. Diese Art von Glück ist grenzenlos.

Trotzdem positiv

[**D**enn es] ist wichtig, auch in einem Strudel von Schwierigkeiten die Freude am Leben nicht zu verlieren.

Das Abenteuer des Lebens

Es kann bei Ihnen ein Unglück nach dem andern geschehen und das Leben buchstäblich in Ihnen auslöschen. Dieser Ausdruck ist realistisch, das Leben ist tatsächlich in Ihnen ausgelöscht worden. Ein Schlag nach dem andern kann Sie treffen, Sie regelrecht schachmatt setzen und jeden Lebensmut in Ihnen verkümmern lassen. Schließlich können Sie sich so geschlagen fühlen, daß Sie sich durch das Leben hindurchwinden, statt es aufrecht, mutig und kraftvoll durchzufechten und die Dinge so zu nehmen, wie sie sind, und sie mit Geschicklichkeit und Stärke zu überwinden. Für den, der sich durchs Leben windet, gibt es keine Freude. Die Geschlagenen fühlen sich immer unglücklich. Diejenigen aber, die im tiefsten Innern ihres Herzens wissen, daß sie zu jedem Kampf kleinerer oder größerer Art mit gleichwertigen Waffen antreten können, gehören zu denen, die ihren Anteil an Freude und Befriedigung aus dem Leben herausholen können.

Trotzdem positiv

Das Leben ist ein unschätzbares Geschenk, aber es dauert nicht ewig. Solange wir es haben, hängt unser Glück nur von dem einen ab: wie gut wir lernen, mit den Herausforderungen fertig zu werden, mit denen das Leben uns konfrontiert.

Der Plus-Faktor

Ohne Kampf gegen Widerwärtigkeiten, Widerstände und Probleme kann kein Mensch stark werden. Dieser Kampf macht uns stark, und durch den Vorgang des Überwindens erlangen wir das Glück.

Das Abenteuer des Lebens

Ich bin froh, daß ich noch nie imstande war zu sagen, oder auch nur zu denken, ich hätte es geschafft. Noch immer träume ich, plane ich, strebe ich, arbeite ich, und nach wie vor ist alles herrlich aufregend.

Begeisterung wirkt Wunder

Die wahre Würze, das echte Vergnügen, die anhaltende freudige Erregung liegt nicht im „Geschafft-Haben", sondern im „Schaffen". Glücklich ist, wer ein Ziel verfolgt, nicht wer sich zur Ruhe setzt, um das Erreichte zu genießen. Glücklich ist, wer sich ein weiteres Ziel setzt und es in ungebrochen kämpferischem und erfinderischem Geist zu erreichen trachtet.

Begeisterung wirkt Wunder

Um das Wunder des Lebens zu genießen und echte Freude zu erleben, dürfen wir niemals aufgeben, niemals schwanken, sondern wir müssen immer „mit Weiterfahren weiterfahren".

Das Abenteuer des Lebens

Es gibt Männer und Frauen, die [...] wenn sie ein Ziel erreicht haben, [sich] ein neues [setzen]. Sie warten mit frischen Leistungen auf. Nachdem ihre alten Träume erfüllt sind, haben sie neue Träume, nehmen noch größere Herausforderungen, noch aufregendere Ziele in Angriff. So bleibt ihnen die Freude am Leben und Arbeiten und am Siegen erhalten. Ihre Begeisterung läßt nie nach. Ständig erleben sie Neues, Spannendes. Immer sind sie strebsam, eifrig, kreativ. Sie haben es nie geschafft, sie sind stets auf dem Weg dazu.

Begeisterung wirkt Wunder

V

DU KANNST ES, WENN DU DARAN GLAUBST

Der Umgang mit Schwierigkeiten

„Wir haben alle Kraft,
die wir je brauchen werden,
um mit unseren Problemen
fertig zu werden."

Das Wort „Sorge" vermittelt die Vorstellung, als legte einem jemand die Hände um den Hals, drückte mit voller Kraft zu und schnitte die lebenswichtige Zufuhr ab; damit täte er dramatisch etwas, was man selbst tut, wenn man längere Zeit Opfer von Sorgen ist. Man blockiert die eigenen Kräfte. Sorgen frustrieren die besten Möglichkeiten.

So hast du mehr vom Leben

Denn Sich-Sorgen schnürt tatsächlich unsere Lebenskraft ab. Auf einer alten Abbildung ist die Angst sehr anschaulich als riesiger reißender Wolf dargestellt, der sich in den Nacken eines Mannes verbeißt.

Was Begeisterung vermag

Natürlich ist die Welt voller drückender, drohender Schwierigkeiten und voller mühsamer, verzwickter Probleme. Das wird immer so sein. Es wäre unsinnig zu glauben, alle Probleme könnten durch ein Universalmittel aus der Welt geschafft werden, wie manche Politiker und Prediger immer wieder verkünden. Das liegt nicht in der Natur der Weltordnung. Das Leben ist ein Existenzkampf, und jeder Kampf ist unweigerlich mit Schwierigkeiten verbunden, und oft genug mit Not und Entbehrung.

Was Begeisterung vermag

Darum nehmt Optimismus als Medizin für Körper, Geist und Seele. Optimismus gründet sich auf Glauben, Hoffnung und Erwartung. Im bloßen Akt des Hoffens liegt schon ein therapeutischer Wert.

Ja zum Leben

Durch eine unglückliche Veranlagung der menschlichen Natur sind wir eher geneigt, nach Schwierigkeiten zu suchen, statt nach Möglichkeiten.

Ja zum Leben

Und auch das habe ich im Laufe der Jahre beobachtet: Schwierigkeiten machen einen Menschen entweder größer oder kleiner: Sie lassen ihn nie so zurück, wie er vorher war. Die einen brechen unter der Belastung zusammen; andere brechen Rekorde.

Der Plus-Faktor

Doch es ist unmöglich, sich so viele Jahre mit Menschen und ihren Problemen zu befassen, wie ich es getan habe, ohne zu erkennen, daß ein gewisses Maß an Schwierigkeiten wichtig ist für Charakterbildung und seelisches Wachstum.

Der Plus-Faktor

Für mich steht außer Zweifel, daß uns jede Seelenqual Gelegenheit zu geistigem Wachstum gibt.

Ja zum Leben

[Die] Auffassung von Sorgen als einer dynamischen Kraft in menschlichen Angelegenheiten hat etwas Erregendes. Aber man muß damit umzugehen verstehen. Bei einer Brise kann jeder segeln. Erst wenn die See rauh wird, kommt die Seemannskunst – daß man das Meer kennt – richtig zur Geltung. Wenn die Sorgen ins Leben treten, ist Lebenskunst – daß man die Rolle kennt, die Sorgen im Leben spielen können – das, worauf es ankommt.

Der Plus-Faktor

Wir lernen nach und nach, Schwierigkeiten als einen Teil des Reifeprozesses zu betrachten. Darum wollen wir, wenn es hart auf hart geht, uns gelassen verhalten, wissend, daß die Ecken und Kanten abgeschliffen werden müssen, damit wir richtig geformt werden. Dieser Formungsprozeß schafft den Menschen. So hart und unangenehm Schwierigkeiten auch sein mögen, sie sind eine der Quellen unserer Entwicklung. Wenn wir ihr mit Zuversicht, po-

sitivem Denken und Begeisterung begegnen,
dann meistern wir jede Schwierigkeit.

Was Begeisterung vermag

Eine Schwierigkeit kann etwas aus Ihnen
machen oder Sie zerbrechen. Es hängt alles
davon ab, wie Sie diese anpacken.

Trotzdem positiv

Zahllose Male hat sich erwiesen, daß
Schwierigkeiten die Menschen zu den größten
Dingen im Leben führen, das heißt nur, wenn
sie die innere Kraft haben, sich den Schwierigkeiten zu stellen.

So hast du mehr vom Leben

Probleme, Sorgen und Schwierigkeiten
sind da, um überwunden zu werden. Wir dürfen
es nie zulassen, daß sie unser Leben beherrschen. Wir müssen uns kategorisch weigern,

ihre Herrschaft anzuerkennen, und sollen geistige positive Kräfte an ihrer Stelle auf uns wirken lassen.

Die Kraft positiven Denkens

Eines müssen wir alle lernen, nämlich, daß die meisten Schwierigkeiten, denen wir begegnen, ihren Ursprung in uns selbst haben. Glücklicherweise liegt aber die Lösung auch inwendig in uns.

Ja zum Leben

Vergegenwärtigen wir uns, daß wahre Stärke in uns steckt, ob wir es wahrhaben wollen oder nicht. Wir haben alle Kraft, die wir je brauchen werden, um mit unseren Problemen fertig zu werden.

Wenn diese Erkenntnis in unserem Bewußtsein einmal fest verankert ist, werden wir ungeachtet aller Schwierigkeiten standhalten und nicht zusammenbrechen. Und wenn Dein

Gemüt so gefestigt ist, dann bleibst Du auch in schwierigen Situationen ruhig und furchtlos, voller Vertrauen in Deine Fähigkeiten, damit fertig zu werden.

Ja zum Leben

Kraft ist vorhanden, um schwierigen Situationen zu begegnen. Und diese Kraft hat uns unser Schöpfer mitgegeben. Sie wartet in uns darauf, freigesetzt zu werden, und sie kann uns über viele Krisen hinweghelfen.

Das Abenteuer des Lebens

Die große Frage ist nicht, ob wir Probleme haben, und daß einige davon äußerst schwierig sind und unser Leben komplizieren. Wichtig ist die Haltung, die wir ihnen gegenüber einnehmen.

Ja zum Leben

|**D**er Optimist| beurteilt sie als eine Herausforderung an seine Intelligenz, seinen Einfallsreichtum und seinen Glauben.

Ja zum Leben

Probleme befähigen uns, mit dem Leben besser zurechtzukommen.

Ja zum Leben

Das erste, was wir angesichts einer Schwierigkeit zu tun haben, ist: sich ihr entgegenzustellen und sie anzugreifen, anstatt über sie zu jammern. Wir wollen nicht auf Händen und Knien durchs Leben kriechen, sondern als aufrechte Menschen einhergehen. Wenn wir unseren Hindernissen in dieser Haltung entgegentreten, werden wir feststellen, daß sie nicht halb so gefährlich sind.

Die Kraft positiven Denkens

Jedes Problem trägt den Keim zu seiner Lösung in sich.

Was Begeisterung vermag

Versuchen Sie nicht, Schwierigkeiten oder Dingen, vor denen Sie Angst haben, auszuweichen; lassen Sie sich nicht mit dem Wind treiben in der Hoffnung, ihm zu entkommen. Jeder Mensch steht immer und immer wieder vor der Entscheidung, ob er seinen Problemen und Schwierigkeiten entgegentreten oder vor ihnen wegzulaufen versuchen soll.

Der Angst kann man in der Tat nicht entkommen, auch den Widerwärtigkeiten nicht.

Das Abenteuer des Lebens

Viele der besten Dinge im Leben können wir von der Natur lernen, zum Beispiel [...] wie Bäume sich in einem Sturm verhalten. Sie geben dem Wind immer mehr nach, je stärker er weht, nicht aus Angst, und sie leisten ihm auch keinen Widerstand. Sie biegen sich einfach mit ihm, und wenn die Kraft des Sturms wächst, wirbeln die Blätter der gigantischen alten Ahornbäume, als ob sie schadenfreudig lachen würden im Wissen, daß sie den Sturm überstehen, was sie offenbar auch immer tun. Am folgenden Tag hat der Sturm ausgetobt, die Sonne lacht wieder. Der Boden ist vielleicht mit unzähligen Blättern und Zweigen übersät, und vielleicht sind auch zwei oder drei stärkere Äste gefallen, die der Baum ohnehin hätte abstoßen wollen. Aber der Baum steht noch da, sogar stärker als zuvor, nachdem er einen weiteren Sturm in seinem langen Leben ausgestanden und überdauert hat.

Dies läßt uns erkennen, wie auch wir Menschen unsere Lebensstürme überstehen können. Wir sollen uns mit dem Wind biegen, ihm nachgeben, über ihn lachen. Das macht uns stark.

Das Abenteuer des Lebens

Sie müssen lernen, sich Ziele zu setzen.

Der Plus-Faktor

Der Mensch kann sich über seine Probleme erheben. [...]

Wir sind in der Tat größer als jede Schwierigkeit – denken Sie immer daran! Wachsen Sie, bis Sie über Ihren Schwierigkeiten stehen. Und der Weg, dieses Wachstum zu erreichen, besteht im Gebet und geistiger Entfaltung. Sie können größer werden als irgendeine Schwierigkeit, die Ihnen begegnet.

Trotzdem positiv

Eine wirkungsvolle Methode, um angesichts eines Problems oder einer Herausforderung dem „Ich-kann-nicht"-Gefühl entgegenzutreten, besteht darin, es sogleich durch den Gedanken „Ich *kann*" zu ersetzen. Das beflügelt Sie und gibt Ihnen die Zuversicht zu gewinnen.

Mut und Vertrauen durch positives Denken

„**G**lauben Sie, daß Sie es können, und Sie werden es können!" Vertrauen ist einer der mächtigsten Überwinder. Wenn Sie darauf vertrauen, daß eine Schwierigkeit überwunden werden kann, dann sind Sie schon auf halbem Wege zum Ziel. Einer der wichtigsten Grundsätze lautet: „Man *kann* das, was man glaubt, tun zu können."

Trotzdem positiv

Es gibt keine Schwierigkeiten, die nicht überwunden werden können.

Die Kraft positiven Denkens

Um ein Ziel zu erreichen, muß man eine starke Antriebskraft haben, dazu einen intensiven Wunsch und den festen Glauben, daß es zu schaffen ist.

Begeisterung wirkt Wunder

Bereiten Sie sich mit dem Erreichen von Zwischenzielen auf höchste Ziele vor.

Der Plus-Faktor

In jeder Entscheidung kann das wirkliche Ziel verborgen liegen, auf das unser ganzes Leben durch höhere Weisheit ausgerichtet ist. Die Alternativen in jeder Entscheidung mögen aussehen, als seien sie das Wichtigste an dem Problem, häufig aber ist da noch etwas ganz anderes, das unsichtbar bleibt. Wenn wir zu großer Höhe aufsteigen und einen Überblick über die gesamte künftige Landschaft des eigenen Lebens gewinnen könnten, würden wir erkennen, was das Beste für uns ist. Da wir aber nicht sehr weit in die Zukunft blicken können, brauchen wir für jeden Schritt alle Klugheit, die wir aufbringen können, und müssen darauf bauen, daß wir im Augenblick das tun, was für uns richtig ist.

So hast du mehr vom Leben

Wenn Menschen sich Ziele setzen, die klar und deutlich sind, wenn sie durch Zeiten der Enttäuschung, des Stillstands oder gar der Fehlschläge eisern an diesen Zielen festhalten, wenn sie sich vorstellen, daß sie sich stetig darauf zubewegen und sie schließlich auch erreichen, dann steigt aus der Tiefe ihres Inneren eine mächtige, praktisch unbesiegbare Kraft auf. Das ist der Plus-Faktor.

Der Plus-Faktor

Jedermann weiß, daß es eine Lebenskraft gibt, die alles Lebendige auf dieser Welt erhält und beseelt. Mit ihr lebt man. Ohne sie ist man tot. Diese Lebenskraft hat Gott in uns alle gelegt. [...] Ich nenne sie den Plus-Faktor.

Sie ist die Eigenschaft des *Besonders*-Seins, die wir an gewissen Menschen bemerken. Menschen, die mit mehr Eifer, mehr Energie, mehr Begeisterung leben als andere.

Die sich höhere Ziele setzen und sie häufiger erreichen.

Die trotz Widrigkeiten und Mühsal immer weitermachen.

Die Pech einfach abschütteln und, wo immer sie hinkommen, Wärme, Anteilnahme und Ermutigung ausstrahlen.

Kurz, Menschen, in denen ein wunderbarer Plus-Faktor am Werk ist.

Der Plus-Faktor

Sie finden ihn dort, wo Sie ihn am wenigsten vermuten: in Ihnen selbst.

Der Plus-Faktor

Die Macht des Plus-Faktors aktiviert sich nicht selbst. Sie ist im Menschen latent vorhanden und bleibt latent, bis sie aktiviert wird.

Der Plus-Faktor

Der erste Schritt, der getan werden muß, um den Plus-Faktor in Gang zu bringen, ist: lernen, ein kreativer Träumer zu sein.

Der Plus-Faktor

Träumer sind fast immer Optimisten. Ein Pessimist – jemand, der nur negative Möglichkeiten sieht – glaubt, es werde wohl kaum etwas Gutes eintreffen. Träumer dagegen glauben, es sei nichts zu gut, um wahr zu sein. Sie leben in freudiger Erregung, weil ihre Träume ihnen helfen, diese Freude zu erzeugen.

Der Plus-Faktor

In der Tat würde das Fehlen von Problemen anzeigen, daß die schlimmste Form von Pessimismus erreicht wäre, denn *keine* Probleme würden buchstäblich auch kein Leben bedeuten. Und nur durch das Leben wird ein schöpferisches Vollbringen möglich.

Ja zum Leben

Ärger und Verdruß sind gewöhnlich der Ausdruck vieler kleiner Unannehmlichkeiten, die Macht gewannen, weil sich ein Steinchen zum andern fügte, bis das Ganze schließlich groß und gewichtig wurde. Es lohnt sich daher, eine Aufstellung aller kleinen Dinge zu machen, die uns bedrücken und irritieren. [...] Dadurch werden wir uns der vielen kleinen Bächlein bewußt, die sich schließlich zum reißenden Strom des Kummers vereinen.

Die Kraft positiven Denkens

Wer sich auf eine gute Zukunft konzentriert und mit dieser Einstellung dunkle Stunden überwindet, wendet sich automatisch dem schöpferischen Tun zu.

Trotzdem positiv

Das Leben gibt uns *das* zurück, was wir hineinstecken. Unser Geist gibt uns das, was wir ihm geben.

Die Kraft positiven Denkens

Die Dinge mögen schlecht stehen, aber...
aber!

Die Kraft dieses kurzen Satzes macht die
Konjunktion „aber" aus. Denn sie ist unser
Durchgang vom traurig Negativen zum herr-
lich Positiven.

Mut und Vertrauen durch positives Denken

Das Wunderbare daran ist, daß wir die
Wahl haben: Wir können unser Leben auf der
Schattenseite fristen oder auf der Sonnenseite
zum Blühen bringen.

Mut und Vertrauen durch positives Denken

Es genügt aber nicht, unser Denken zu ent-
leeren, denn es kann niemals leer bleiben. Es
muß neu gefüllt werden, aber nicht mit Angst
und Sorgen, sondern mit Mut, Vertrauen und
Hoffnung.

Die Kraft positiven Denkens

Hindernisse auf dem Weg zu einem erfüllten Leben gibt es viele und mancherlei. Eines von ihnen – und nicht das kleinste – ist die Furcht. Und Furcht geht Hand in Hand mit Vorsicht. Angemessene Vorsicht ist klug und vernünftig; wir sollten uns aber davor hüten, zu vorsichtig zu sein. Dem Furchtsamen, dem Ängstlichen, dem Übervorsichtigen gelingt es nie, die Hindernisse zu überwinden, hinter denen erst die wahren Werte eines erfüllten Lebens liegen.

Was Begeisterung vermag

Das große Geheimnis, mit Sorgen fertig zu werden, besteht darin, als beherrschende geistige Haltung Glauben an die Stelle von Angst zu setzen. Zwei große Kräfte in dieser Welt sind mächtiger als alle anderen: Angst und Glaube, und der Glaube ist stärker als die Angst.

So hast du mehr vom Leben

Die Hoffnung hat etwas an sich, das zu klarem Denken befähigt. Wenn Sie einem Problem gegenüberstehen, betrachten Sie es dann mit Hoffnung oder mit Verzagtheit? Wenn Sie hoffen, daß es eine Lösung gibt, wenn Sie daran glauben, daß irgendwo eine Lösung vorhanden ist, dann werden Sie sie wahrscheinlich auch finden. Wenn Sie dagegen trübsinnig darüber nachgrübeln, fallen Ihnen ziemlich sicher nur trübsinnige Ergebnisse ein.

Der Plus-Faktor

Ihre geistige Einstellung ist doch sehr von Ihrem Denken und Fühlen abhängig. Wenn Sie den ganzen Tag nur mißmutig und pessimistisch denken, werden Sie auch allen gegenüber mißmutig, pessimistisch und negativ eingestellt sein.

Leben kann Freude sein

|**D**enn| was wir ständig befürchten, schafft in und um uns Bedingungen, die seine Verwirklichung fördern und anziehen. In einer Atmosphäre der Entmutigung und der schlimmen Erwartungen können schlechte Entwicklungen wachsen und gedeihen.

Die Kraft positiven Denkens

Denken Sie positiv, besonders dann, wenn Sie am niedergeschlagensten sind. Denken Sie daran: In diesem Rückschlag kann die Antwort für Ihren Neubeginn stecken.

Der Plus-Faktor

Der positive Mensch ist ein unbeirrbarer und tatkräftiger Realist. Er sieht *alle* Schwierigkeiten, und, was noch wichtiger ist, er sieht sie klar. |...| Er blickt erwartungsvoll über alle Schwierigkeiten hinaus auf schöpferische Lösungen.

Ja zum Leben

Der positive Mensch hat eine tiefere und eindringlichere Einsicht. Er ist völlig objektiv. Er hat feste Ziele. Er hält das NEIN niemals für eine Antwort.

Ja zum Leben

Wir dürfen nie aufgeben, selbst wenn alles noch so schlecht aussieht, selbst, wenn wir nicht mehr daran glauben können, jemals wieder Erfolg zu haben. Es öffnet sich immer wieder eine Tür, und Mißerfolg kann sich plötzlich in Erfolg und Hoffnungslosigkeit in Glück verwandeln. Nie ist die Dunkelheit so groß, daß nicht doch noch ein Lichtstrahl sichtbar wäre.

Trotzdem positiv

Wie lange es auch dauern mag, harren Sie aus. Wie oft Sie auch entmutigt werden, halten Sie durch. Wie sehr Sie auch aufgeben möchten, machen Sie weiter.

Der Plus-Faktor

Trotz aller Schmerzen, Schwierigkeiten und Tragödien der menschlichen Existenz bleibt das Leben – das einfache, gewöhnliche Leben selbst – doch eine wundervolle Sache.

Das Abenteuer des Lebens

VI

DER WEG HINDURCH IST DER WEG HINAUS

*Die Auseinandersetzung
mit Tod und Leid*

„Ich glaube fest,
daß die Identität und Persönlichkeit
in der anderen Sphäre,
die keine Sorgen und Leiden kennt,
fortbestehen werden."

Das erschütterndste Geschehnis, das die menschliche Seele befallen kann, ist der Tod eines geliebten Menschen. Der Verlust erscheint so absolut und endgültig, daß man glaubt, ihn nicht ertragen zu können.

Keine Worte und keine Theorien können über den plötzlichen und erschütternden Schmerz hinweghelfen. Und doch gibt es Wege, den ersten grausamen Hieb des Leids zu parieren, Mittel, dem Leid gegenüberzutreten und es mit Kraft durchzustehen.

Darum seid getröstet

Du kannst aus einem Leid gestärkt und reifer hervorgehen, so wie es der von dir gegangene Mensch für dich erhofft, und wie er dich zu sehen wünscht, oder verwirrt, schwach und verbittert. Du hast die Wahl.

Darum seid getröstet

Viele Menschen glauben, daß sich nichts gegen das Leid tun lasse, das uns befällt, wenn der Tod einen geliebten Menschen hinwegführt, und man müsse dieses Leid einfach ertragen, unbeweglich und passiv. Das ist ein Irrtum. Wohl kann niemand die Tatsache des Todes negieren, aber wir dürfen nicht einfach vor uns hinbrüten oder uns von Leid überwältigen lassen. Es gibt so manches, das wir tun können, um den erlittenen Schock zu mildern.

Darum seid getröstet

Es hat mit Treulosigkeit nichts zu tun, wenn wir versuchen, unser Leid zu mindern. Der von uns gegangene Mensch wäre der erste, der uns dazu auffordern würde.

Darum seid getröstet

Ein ehrlicher Gefühlsausbruch hat nichts mit Schwäche zu tun, und die alte Redensart „seinen Gefühlen Luft machen" ist absolut sinnvoll. Denn diese Art der Erleichterung ist das uns von der Natur gegebene Sicherheitsventil.

Darum seid getröstet

Ein gesunder Weg, seinen Kummer loszuwerden, ist auch der, ihn gründlich auszuweinen. Es ist sinnwidrig zu glauben, man müsse seinen Kummer unbedingt verbergen, und es sei beschämend, den erlösenden Tränen freien Lauf zu lassen. Damit verneinen wir ein Naturgesetz.

Tränen sind eine natürliche Erscheinung bei Kummer und Schmerz, sie sind der Ausdruck einer inneren Entspannung, und es ist nicht einzusehen, warum wir sie mit Gewalt unterdrücken sollten.

Die Kraft positiven Denkens

Unsere Gedanken können sich zur gleichen Zeit nur mit einer Sache beschäftigen. Wenn wir daher arbeiten und tätig sind, wenn unsere Aufmerksamkeit nach außen konzentriert ist, dann ist in unserem Denken weniger Raum für inneren Kummer.

Darum seid getröstet

Die besten Mittel gegen das Leid sind Zuneigung, Anteilnahme, Liebe. Und der beste Weg, einem Menschen, der ins Leid gekommen ist, zu helfen, besteht darin, ihn unsere Zuneigung, Anteilnahme und Liebe auf jede nur erdenkliche Weise spüren zu lassen.

Darum seid getröstet

So wie unser irdisches Leben sich wandelt von der Jugend bis zum Alter, so wie wir Erfahrungen sammeln und uns entwickeln und immer neue Einsichten gewinnen, so bedeutet der Tod nur den Eintritt in eine größere und erweiterte Welt.

Die Kraft positiven Denkens

Eine althergebrachte Vorstellung, die wir ablegen können und müssen, ist die Vorstellung des Todes als grausamer Schnitter, der heimlich und hinterrücks die Menschen mit seiner Sense anschleicht. Ich gebe zu, es ist eine sehr alte und beliebte Anschauung; sogar Shakespeare sieht den Tod als furchtgebietenden Wachtmeister, der „bei seinen Verhaftungen kein Erbarmen kennt".

Ich bin aber überzeugt, daß diese Vorstellung falsch ist.

Darum seid getröstet

Es gibt im Leben Unvermeidlichkeiten, und der Tod ist eine von ihnen. Er kommt früher oder später zu jedem von uns. Wir müssen ihn annehmen, und dieses für alle Menschen geltende Annehmenmüssen ist an sich schon tröstlich.

Darum seid getröstet

Ein Mensch im Leid wird oft durch die bloße Anwesenheit eines mitfühlenden Menschen mehr getröstet, als man sich vorstellen kann.

Darum seid getröstet

Zweifellos ist der Tod nur der Prozeß des Überganges auf die andere Seite, von der wir nur durch eine schwache Barriere getrennt sind. Wir brauchen keine Angst zu haben.

Leben kann Freude sein

Wir leben in einer Welt so voller Schönheit, daß sie nur ein überragender Geist mit einem überragenden Schönheitssinn planen und erschaffen konnte. Würde ein Schöpfer, der uns von sich aus so viel gegeben hat, plötzlich ein Ende vorsehen, das furchterregend und beängstigend wäre? Das glaube ich nicht.

Darum seid getröstet

Einmal, an einem Sonntagmorgen im Frühling, saß ich in einem Garten in Jerusalem in Gesellschaft von Leuten, die sich aus allen Teilen der Welt zusammengefunden hatten. Ich erinnere mich, wie ein milder Wind die staubigen Blätter der Olivenbäume bewegte und wie der Duft der Blumen die Luft erfüllte. Uns umgaben Stille und die Schönheit des Sonnenaufgangs. Über uns erhob sich der Ölberg; vor uns war ein offenes Grabmal, in welches die ersten Sonnenstrahlen fielen und die Schatten verjagten. Bei der Türe des Grabmals lag ein großer, kreisförmiger Stein, wie ein Mühlstein, der in ein roh gemeißeltes Loch paßte. Er war vom Eingang weggerollt worden.

Die Predigt hielt an jenem Tag ein amerikanischer Kaplan. Wie die meisten Predigten, die ich als Junge gehört hatte, war auch diese aus der Bibel und aus dem Leben selbst geschöpft. Der Kaplan zeigte auf das offene Grabmal und sagte: „Sie brachten Ihn hierher und dachten, es wäre das Ende. Aber nicht einmal der Tod konnte Ihn halten."

Und da spürte ich wieder diese absolute Gewißheit, daß dieses Leben nur ein Anfang ist und daß Tennyson recht hat, wenn er sagte, dies sei die matte Seite des Todes, und uns erwarte auf der anderen Seite unvorstellbarer Glanz.

Darum seid getröstet

Nie kann unser Körper als unser wahres Ich angesehen werden. Vielleicht begegne ich dir auf der Straße; vielleicht geben wir uns die Hand und wechseln ein paar Worte. Aber habe ich dabei wirklich dich gesehen? Hast du mein wirkliches Ich berührt? Natürlich nicht. Denn unser tatsächliches Ich ist immer ein geistiges Wesen. Wir bewohnen unseren Körper lediglich für einige Jahre, die wir auf Erden zubringen, dann verlassen wir ihn.

Es ist sicher schwer, die Persönlichkeit eines geliebten Menschen von dem Gehäuse zu trennen, das er so lange bewohnte. Aber es muß sein. Sonst wird uns eine furchtsame, abergläubische Stimme in uns immer wieder zuflüstern, daß der Dahingegangene uns nicht wirklich verlassen hat, sondern in der Stille, Kälte und Einsamkeit seines Grabes leiden muß. Wenn wir dieser falschen Stimme lauschen, dann kann uns das Leid überwältigen.

Darum seid getröstet

Es gibt Menschen, die davor zurückschrecken, an Orte zu gehen, die sie an Verstorbene erinnern, die sie geliebt haben; andere schrecken davor zurück, Dinge zu tun, die sie einst mit anderen zusammen getan haben, so insbesondere Ehegatten. Das ist verständlich, vermag es doch das Gefühl körperlichen Verlustes zu verstärken. Das Gegenmittel besteht darin, sich in Erinnerung zu rufen, daß der geliebte Mensch in höherem Sinne nicht nur immer noch mit einem ist, sondern daß er weit beständiger bei einem ist, als dies zu seinen Lebzeiten möglich war.

Als mich meine Frau Ruth anrief, um mir mitzuteilen, daß meine Mutter gestorben sei, sagte sie: „Ich weiß, daß du Mühe haben wirst, dies eben jetzt zu glauben, Norman, aber deine Mutter wird von nun an in viel höherem Maße bei dir sein und dir nahe sein, als dies je zuvor der Fall gewesen ist. Früher hast du immer Flugreisen unternommen, um ein paar Tage oder auch nur Stunden bei ihr zu sein. Jetzt kann sie immer bei dir sein."

Das war wahr, und sobald ich in der Lage war, es zu erfassen, nahmen mein Kummer und mein Gefühl des Verlustes beträchtlich ab.

Heute fängt das Leben an

Ich bin absolut davon überzeugt, daß wir, wenn wir sterben, unsere Lieben wiedersehen und nie mehr voneinander getrennt werden. Ich glaube fest, daß die Identität und Persönlichkeit in der anderen Sphäre, die keine Sorgen und Leiden kennt, fortbestehen werden.

Leben kann Freude sein

Wenn wir unsere Lieben nicht in Fleisch und Blut vor uns sehen, heißt das nicht im geringsten, daß sie nicht mehr leben. Im Gegenteil, sie leben, ebenso wie wir für immer leben werden.

Leben kann Freude sein

Wenn die Menschen die absolute Gewißheit hätten, daß eine bessere Welt auf sie wartet, dann wollten sie gewiß nicht hier bleiben und alle Kämpfe durchstehen, die für Männer und Frauen nötig sind, damit sie innerlich wachsen und reifen, damit sie – wie es uns Menschen bestimmt ist – von selbstsüchtigen und habsüchtigen biologischen Organismen zu liebenden und selbstlosen Kindern Gottes werden. Sie würden den leichten Weg gehen.

Darum seid getröstet

Natürlich ist der Lebenswille sehr stark, und wir widersetzen uns dem Tod bis zum Ende. Dies ist ein Teil der menschlichen Natur. Der Widerstand gegenüber dem Tod wurde uns von einem weisen Schöpfer gegeben. Wenn wir diesen Widerstand nicht besäßen, könnten wir die Schwierigkeiten des Lebens nicht meistern und würden den einfachsten Ausweg nehmen.

Leben kann Freude sein

Aber Gott, der diesen Widerstand gegen den Tod in uns geschaffen hat, schuf in unserem Leben ebenfalls eine große Hilfe in Form des Glaubens, daß wir nach dem Tode zu einem anderen Leben übergehen.

Leben kann Freude sein

Unser Leben stützt sich auf den Glauben. Und der Glaube ist die Antwort auf fast alles in diesem Leben.

Darum seid getröstet

Es gibt nicht den kleinsten Beweis gegen die Unsterblichkeit der Seele. Zugegeben, es gibt auch keinen äußeren Beweis dafür, aber [...] das Herz, die innere Gewißheit sprechen dafür.

Darum seid getröstet

VII

GEDANKEN SIND DYNAMISCHE KRÄFTE

Eine Auswahl positiver Gedanken

„Positives Denken ist eine Denkart,
die gewohnheitsmäßig die besten Ergebnisse
aus den schlechtesten Voraussetzungen
erwartet."

Ein Gedanke vermag in entscheidendem Maße zu bestimmen, wie man sich geistig, seelisch und körperlich fühlt.

Heute fängt dein Leben an

Unter der von Spannung aufgerührten Oberfläche unseres Geistes liegt der Friede der tieferen geistigen Schichten. So, wie das Wasser unter der Oberfläche des Ozeans tief und ruhig ist, und wenn die Oberfläche noch so stürmisch ist, so ist der Geist in seinen Tiefen friedlich. Stille, in der man sich übt, bis man in ihrer Anwendung Meister wird, besitzt die Macht, in jenes Innere des Geistes und der Seele vorzudringen, in dem Gottes heilsame Ruhe wahrhaftig erlebt werden kann.

Heute fängt dein Leben an

Irgendwann an jedem Tage sollte man eine Zeit absoluter Stille einhalten, denn in der Stille liegt Heilkraft. Um diese Kraft zu finden, darf man nicht sprechen, darf man nichts tun. Man muß den Geist abschalten, den Körper stillhalten und völliges Stillschweigen wahren. So übt man sich in schöpferischer Stille.

Heute fängt dein Leben an

Unsere größte Fähigkeit ist die Fähigkeit zu wählen. Mit der Macht der Wahl können wir unser Leben kreativ gestalten oder es zerstören. Tagtäglich treffen wir mehrmals eine Wahl.

Manchmal scheint es eine scheinbar kleine Wahl, doch keine ist gänzlich unbedeutend, denn von der scheinbar unbedeutendsten Wahl kann letztlich abhängen, wie unser Leben herauskommen wird. Die Geschichte, heißt es, wird oft von kleinen Dingen bestimmt. Das trifft auch auf das Menschenleben zu.

Heute fängt dein Leben an

Wir Menschen beschäftigen uns oft in tragischer Weise damit, Schwierigkeiten in unserm

Geiste zu erdrückender Größe aufzubauschen und so davor Angst zu bekommen. Wir überzeugen uns selbst, daß wir geschlagen sind, ehe wir überhaupt beginnen, und schaffen uns eine Begründung, es gar nicht erst zu versuchen. Dies ist der Zeitpunkt, den schlafenden Riesen in einem freizusetzen. Dann wird man zu dem großen Menschen, der zu sein man die Fähigkeit in sich trägt. Und man erringt Siege, statt Niederlagen zu erleiden.

Heute fängt dein Leben an

Wie viele unglückliche Menschen werden doch in ihrem Geiste gelähmt durch Angst, Zweifel an sich selbst, Minderwertigkeits- und Unzulänglichkeitsgefühle! Düstere Gedanken machen sie blind für die möglichen Resultate, die hervorzubringen der Geist wohl imstande ist. Optimismus aber erfüllt den Geist mit Zuversicht und baut in einem Glauben an sich selbst auf. Die Folge davon ist, daß der neubelebte, mit neuer Energie gefüllte Geist sich

mit Problemen auseinandersetzt. Man muß die
Lähmung durch ungesunde Gedanken von diesem unvergleichlichen Werkzeug, dem Geiste,
fernhalten.

Heute fängt dein Leben an

Optimismus ist eine Lebensauffassung,
die auf dem Glauben gründet, daß das Leben
grundsätzlich gut sei und daß auf lange Sicht
das Gute im Leben das Schlechte überwiege.
Dazu gehört auch die Überzeugung, daß jeder
Schwierigkeit, jedem Schmerz etwas Gutes in-
newohne. Und der Optimist ist entschlossen, das
Gute zu finden. Es hat nie jemand ein wahrhaft
positives Leben gelebt, ohne daß sein Geist
von Optimismus geprägt gewesen wäre.

Heute fängt dein Leben an

In meiner Kindheit hing an der Wand eines
Klassenzimmers der Schule ein Bild von einem
einsamen Strand, auf dem ein Boot bei Ebbe

festsaß. Es gibt kaum etwas, das deprimierender aussieht, als ein durch zurückflutendes Wasser gestrandetes Boot. Unter dem Bild stand geschrieben: „Denk dran: Die Flut kommt immer wieder zurück." Ebbe und Flut gibt es auch in den Wechselfällen des menschlichen Lebens. Wenn sich alles gegen einen wendet und man glaubt, nicht mehr weiterzukönnen, darf man niemals aufgeben. Die Flut wird zurückkommen – oder: Das Glück wird sich wenden.

Heute fängt dein Leben an

Nicht jeder Tag kann mühelos, nicht jeder vollkommen glücklich sein; doch selbst ein mühevoller, schwieriger Tag kann ein guter Tag sein.

Heute fängt dein Leben an

Die Einstellung ist wichtiger als Tatsachen. Sicher kann man einer Tatsache nicht aus dem Wege gehen, doch die Einstellung, mit der wir an sie herangehen, ist das Ausschlaggebende. Das Geheimnis des Lebens

liegt nicht in dem, was uns widerfährt, sondern
darin, was wir mit dem tun, was uns widerfährt.

Heute fängt dein Leben an

In Tokio bin ich einmal einem vorbildli-
chen Menschen [...] begegnet. Obwohl er
durch eine Lähmung behindert war, befand er
sich auf einer Weltreise im Rollstuhl und freu-
te sich unbändig über alles, was er erlebte. Ich
machte die Bemerkung, daß er sich offensicht-
lich durch nichts unterkriegen lasse. Seine
Antwort war exemplarisch: „Nur meine Beine
sind gelähmt. Die Lähmung hat nie meinen
Geist befallen."

Heute fängt dein Leben an

Ihr Geist wird Ihnen genau das zurückgeben, was Sie ihm eingeben. Wenn Sie Ihrem
Geiste über eine längere Zeitspanne Mißerfolg
eingeben, wird er Ihnen Mißerfolg zurückge-

ben. Wenn Sie aber Ihrem Geiste über lange Zeit starken Glauben eingeben, wird er entsprechende Ergebnisse zurückgeben.

Heute fängt dein Leben an

Der positive Geist kennt keine Grenzen. Er hat besondere Kraft, mit Problemen fertig zu werden. Menschen mit edlem Herzen und edlem Geist brauchen keine Angst zu haben vor dem, was da kommen mag, denn diese Art Herz und Geist bestimmt die Beschaffenheit der Zukunft.

Heute fängt dein Leben an

Der positiv Denkende weigert sich nicht, das Negative zu erkennen; er weigert sich, dabei zu verharren. Positives Denken ist eine Denkart, die gewohnheitsmäßig die besten Ergebnisse aus den schlechtesten Voraussetzungen erwartet.

Heute fängt dein Leben an

„**W**issen Sie denn nicht, daß die Welt voller Probleme ist?" fragte der negativ Denkende.

„Aber die Welt ist auch voller Lösungen von Problemen", erwiderte der positiv Denkende.

Heute fängt dein Leben an

Positives Denken ist, wie man über ein Problem *denkt*. Begeisterung ist, wie man in bezug auf ein Problem *fühlt*. Beide zusammen bestimmen, wie man angesichts eines Problems *handelt*.

Heute fängt dein Leben an

Finden Sie sich nie mit Mißerfolgen ab. Das zu tun bedeutet einen schweren Schlag für das Selbstvertrauen. Wenn einem Akrobaten etwas mißlingt, versucht er es noch einmal, ja er läßt das Publikum wenn nötig minutenlang warten, bis er sein Kunststück erfolgreich ausgeführt hat. Er wird die Bühne oder die Arena nicht verlassen, bis ihm seine Nummer gelungen ist. Sonst akzeptiert er in seinem Bewußtsein die Tatsache des Mißerfolgs, und bei der nächsten Vorführung wird er Angst haben, unsicher sein, ob es ihm gelingen wird, und wahrscheinlich wird es ihm auch tatsächlich mißlingen.

Heute fängt dein Leben an

Ein Mann, der eine Reihe schwerer Schicksalsschläge erlitten hatte, sagte etwas, das mir gefiel: „Ich bin durchgekommen, weil ich entdeckte, daß eine Stehauffähigkeit in mir eingebaut ist."

Heute fängt dein Leben an

|**A**uch| Ihnen wohnen der Mut und die Stärke inne, den Dingen entgegenzutreten – was immer es sei. Der beste Blitzableiter zu Ihrem eigenen Schutze ist Ihr Rückgrat. Das heißt: Stehen Sie gerade auf, und packen Sie Schwierigkeiten mit Glauben an sich selbst an.

Heute fängt dein Leben an

Stärker als Wille ist Phantasie. Man könnte auch von aktiver Vorstellungskraft sprechen. Das bedeutet Projektion geistiger Bilder eines angestrebten Ergebnisses. Eine grundsätzliche Anlage des menschlichen Wesens besteht darin, wie das zu werden, was man sich vorzustellen pflegt. Das tiefverankerte geistige Bild strebt danach, sich in die Wirklichkeit umzusetzen. Stellt man sich bildhaft ein Ziel vor und hält es im Bewußtsein fest, so neigt der Geist dazu, das Bild zu verwirklichen.

Heute fängt dein Leben an

Der „Als-ob"- Grundsatz funktioniert. Handeln Sie, „als ob" Sie keine Angst hätten, und Sie werden mutig werden, „als ob" Sie könnten, und Sie werden feststellen, daß Sie können.

Heute fängt dein Leben an

In der Prärie können Winterstürme den Viehherden große Verluste zufügen. Die Temperatur fällt auf minus zwanzig Grad. Vereisender Regen und heulende Winde peitschen die Ebenen. Schnee häuft sich zu Verwehungen an. In dem Wirbel sollen einige Rinder den eisigen Stürmen den Rücken zuwenden und sich langsam mit dem Winde treiben lassen, bis sie zu einem Grenzzaun gelangen, der ihnen den Weg versperrt. An diesem Zaun häufen sie sich an, und viele von ihnen gehen zugrunde. Andere Rinder jedoch verhalten sich anders. Sie wenden sich gegen den Wind und arbeiten sich langsam voran, bis sie zu einer Umzäunung kommen. Hier bleiben sie stehen, Schulter an Schulter, und trotzen dem Sturm. „Wir finden sie fast immer am Leben und wohlauf vor", versicherte ein alter Cowboy. „Das ist die größte Lektion, die ich jemals in der Prärie gelernt habe: Schwierigkeiten kopfvoran anzupacken und nicht umzukehren und davonzulaufen."

Heute fängt dein Leben an

Wir sind fortwährend im Begriffe, unser Ich aufzubauen oder niederzureißen. Über die Jahre hinweg trägt jeder Gedanke, jedes Gefühl, jede Erfahrung zum Wesen des Ich bei. Ungeachtet dessen, wie alt oder wie gesetzt wir werden, ist das Ich in Entwicklung begriffen. Alles und jedes trägt zu seiner Größe oder Kleinheit, zu seinem Stillstand oder Wachstum bei.

Heute fängt dein Leben an

Viele der feinsten Teppiche der Welt stammen aus kleinen Dörfern des Mittleren Ostens, Chinas oder Indiens. Diese Teppiche werden von Gruppen von Männern und Jungen unter Anleitung eines Meisterwebers von Hand hergestellt. Man arbeitet von der Unterseite des künftigen Teppichs her. Es geschieht öfters, daß ein Weber versehentlich einen Fehler macht und eine Farbe verwebt, die nicht ins Muster gehört. Ist dies der Fall, läßt der Meisterweber die fehlerhafte Stelle nicht etwa

auflösen, um die Farbabfolge zu korrigieren;
er findet vielmehr eine Möglichkeit, den Fehler
harmonisch in das Gesamtmuster einzufügen.
Wenn wir unser Leben weben, können wir lernen,
unerwartete Schwierigkeiten und Fehler vor-
teilhaft in das Gesamtmuster unseres Lebens
zu verweben.

Heute fängt dein Leben an

QUELLENVERZEICHNIS

Die Texte von Norman Vincent Peale sind folgenden deutsch-
sprachigen Ausgaben seiner Werke entnommen:

Das Abenteuer des Lebens. Mehr Freude und Begeisterung durch
positives Denken. Aus dem amerikanischen Englisch von
Dieter W. Portmann.
© 1987 by Oesch Verlag AG, Zürich.

Begeisterung wirkt Wunder. Wie Du mehr aus Deinem Leben machst.
Aus dem amerikanischen Englisch von Rosemarie Winterberg.
© 1988 by Oesch Verlag AG, Zürich.

Darum seid getröstet. Trost im Leid. Herausgegeben von Emil Oesch.
Aus dem amerikanischen Englisch von Alfred Mohler.
© 1984 by Oesch Verlag AG, Zürich.

Heute fängt dein Leben an. Ein positives Wort für jeden Tag. Aus dem
amerikanischen Englisch von Margrit Wettstein.
© 1985 by Oesch Verlag AG, Zürich.

Das Ja zum Leben. Der positive Mensch in unserer Zeit. Aus dem
amerikanischen Englisch von Ernst Steiger.
© 1986 by Oesch Verlag AG, Zürich.

Die Kraft positiven Denkens. Aus dem amerikanischen Englisch von
Ernst Steiger.
© 1953 by Oesch Verlag AG, Zürich.

In gleicher Ausstattung sind erschienen:

Antoine de Saint-Exupéry
Worte wie Sterne
ISBN 3-451-26932-5

Dalai Lama
Worte der Hinwendung
ISBN 3-451-26927-9

Gautama Buddha
Worte lebendiger Stille
ISBN 3-451-26926-0

Rainer Maria Rilke
Worte, die verwandeln
ISBN 3-451-26931-7

Anne Morrow Lindbergh
Worte wie Muscheln
ISBN 3-451-26929-5

Khalil Gibran
Worte wie die Morgenröte
ISBN 3-451-26928-7

Weisheit der Indianer
Worte wie Spuren
ISBN 3-451-26933-3

HERDER